事例でわかる経営者の認知症対策
任意後見・家族信託で会社を守る

司法書士 川嵜 一夫
司法書士 勝 猛一
司法書士 橋本 雅文
佐藤 活実 共著
税理士 小嶋 公志 税務監修

JN190037

日本法令

はじめに

　なぜ我々がこの本を書いたのか？
　この本を手に取っていただいたあなたも、
　「経営者の高齢化が進んでいる」
　「事業承継が必要だ」
　「後継問題をどうするか」
　などというテーマを聞いたり読んだりしたことはあるでしょう。もしかしたら、自分でも遺言を書いたり、少しずつ生前贈与をしたり、生命保険を活用しているかもしれません。
　しかし、我々著者は、これらの対策が取られているにもかかわらず、その対策では手が届かない別の問題を、多く目の当たりにしています。
　それは、認知症になったときの対応がほとんど取られていないことです。

　世は高齢社会。高齢になった経営者がこれほど増えた時代は今までありません。高齢になると認知症や病気などで、判断能力がなくなるリスクが高まります。
　会社の経営に直結する株や不動産などを持ったまま、経営者が万一認知症になったら。認知症にならなくても、脳卒中などの病気で判断能力がなくなったらどうなるか。
　個人の経営資源がまったく動かせなくなるのです。
　亡くなれば相続されるので、相続人の手で動かせるようになります。しかし、亡くならないで認知症になってしまった場合は財産凍結です。

　我々は、認知症や病気で、会社に関する財産がまったく動かせなくなり、にっちもさっちもいかなくなった企業や経営者を多数見てきました。認知症に対するプランがノープランだったため、財産の管理を

裁判所に委ねざるを得なくなった人たちです。

　一方で、認知症や病気による判断能力低下を、会社のリスクと捉え、事前にプランを構築する経営者もいらっしゃいます。我々はそのようなプランを作成するお手伝いをしています。

　ノープランのままでも、何もなければ何も起きません。自動車保険や火災保険と同じです。

　しかし、万一のことが起きるととても困ってしまいます。

　ですから我々は、高齢を迎える経営者には、判断能力低下に備えたプランを作ってほしい、そのような願いを込めて本書を執筆しました。

　我々は学者ではありません。実際の現場で問題を解決している実務家です。経営者や家族と、共に悩み、考え、そして実践してきました。ですから机上の空論の話をするつもりはありません。我々は実際の現場で見て、聞いて、体験したことを、専門家の視点を踏まえ本書を通してお伝えするつもりです。

　しかし、実践するにはもう一つ必要なことがあります。

　それは、あなたの決断です。

　あなたの決断があなたの会社、従業員、取引先、そして家族を救うことになるかもしれません。

　本書が、貴社の企業防衛の一助になれば、幸いです。

2019 年 10 月

著者一同

※本書はわかりやすさを優先させているため、法的な細かい規定に言及していない場合があります。実際の対策の設計にあたっては、専門家とよくご相談されることをお勧めします。

目　　次

第1部

経営者が認知症になるとどうなるか？
～待ち構える三つのワナ～

1　一つ目のワナ
個人資産が動かせなくなる ……………………………………… 2

■1　経営者が認知症になると経営がストップ?!　3

■2　役員すら決められなくなる　5

■3　事業承継もできなくなる　7

■4　普段の生活にも困る　8

コラム1　親の財産　把握するウラ技？ ……………………………… 9

2　二つ目のワナ
成年後見人──財産を管理するのは第三者 ………………… 10

■1　成年後見人とは　12

■2　成年後見人に誰がなるのか　13

■3　会社の経営権も後見人に?!　14

■4　成年後見人を変更することはできるか　15

■5　後見制度の利用をやめることはできるか　16

3　三つ目のワナ
成年後見でできること──会社のために使えない ……… 18

■1　担保の設定──裁判所からストップが　20

iii

目　次

2 新社屋の計画が頓挫　22

3 成年後見では、会社のために財産が使えない　22

4 会社の株にも問題が　23

5 究極的には裁判所が経営の決定権を握る　24

4 経営者の認知症対策　どうしたらいいのか ····················· 26

1 任意後見による解決方法　27

2 家族信託による解決方法　28

3 任意後見か家族信託か　29

4 イザというときの備えは常に「事前対策」　31

第2部 **経営者の認知症対策　その1　任意後見**
〜財産の管理だけでなく各種手続きの代行も
　　できるオールラウンドプレイヤー〜

1 任意後見とは何か ·· 34

1 法定後見制度とは　35

2 任意後見制度とは　38

2 成年後見人に選ばれないオーナー家族の苦しみ ············· 40

1 第三者が成年後見人に選任された場合　41

2 法定後見は何が問題なのか　42

3 資産家の親族は選ばれにくい　43

4 資産が数千万円以上ある人は、任意後見が必要　43

5 任意後見契約はどのような人に必要か　44

目　次

3　任意後見の仕組み　48

1 お母さんのお金の管理はどのようにすればよいのか　50

2 後見人の選び方　51

3 成年後見との比較　51

4 成年後見の制度は不要なのか　52

5 任意後見と成年後見はどちらが優先か　53

6 任意後見と一緒に考えておく制度　53

7 任意後見契約と遺言書　56

コラム 2 　誰が納骨してくれるの？　57

4　任意後見人の役割　58

1 任意後見は、いつスタートするのか　59

2 任意後見の発効の申立ては誰がするのか　60

3 四親等内の親族がいない人は、成年後見の申立てさえできない　61

4 任意後見契約では、医師が時間をかけて鑑定しなくてよい　61

5 任意後見監督人の役割　62

6 子どもが任意後見人でも監督人は必要か　62

7 監督人は何をするのか　63

8 監督人を自分で選べるか　63

5　監督人が選ばれた後はどうなるか ——任意後見監督人の権限と家庭裁判所　65

1 任意後見人と監督人　67

2 任意後見監督人の報酬　67

3 任意後見から成年後見へ　68

v

目　次

4 他にはどんな業務をするのか　68

5 本当に本人の利益になっているのかを判断する　69

6 民事信託が必要な場面　70

第3部

経営者の認知症対策　その2　家族信託
〜守りだけでなく攻めも可能な攻撃の要〜

1 家族信託とは …………………………………………………… 72

1 家族信託は財産を管理する新しい仕組み　73

2 財産の承継を「点」でなく「線」で結ぶ　74

3 経営者が一番つらいことは、決断を一人ですること　77

2 家族信託の登場人物と仕組み ……………………………… 79

1 家族信託の登場人物とその役割　81

2 家族信託の仕組み　83

3 信託をサポートする人　85

4 家族信託のデメリットは　86

コラム3 会社は誰のもの？ …………………………………………… 90

3 家族信託と税金 ……………………………………………… 91

1 信託すると税金はどうなるか　92

2 財産権を持つ社長が亡くなったらどうなるか　94

3 所得税について　95

4 譲渡所得税　95

目　次

5 不動産特有の税金──不動産取得税と固定資産税　96

6 税金の特例はどうなるか　98

4 経営者のための家族信託の使い方──自社株信託 ……… 100

1 家族信託を自社株に用いる　102

2 他の方法との違い　103

3 自社株信託のオプション──「指図権」とは　106

4 指図権の利用方法　107

5 指図権のメリット　108

6 指図権で注意すべきところ　109

コラム 4 自社株信託に会社は関係ない？ ……………………………………… 110

5 経営者のための家族信託の使い方──不動産信託 ……… 111

1 経営者名義の個人資産──経営者が判断能力を失うとどうなるか　112

2 家族信託による解決方法　114

3 不動産を動かすと税金はどうなるか　115

4 専務 M に万一のことがあったら？　116

コラム 5 俺の会社だから問題ない？ ………………………………………………… 117

vii

目　次

第4部　ケース別にみる　経営者の認知症対策

1　ケース1
地主が建築途中に認知症が進行 ································· 120

1 事例の概要と問題点　121

2 後見人には誰が選ばれるのか　122

3 認知症対策として行うべきこと　123

4 任意後見の監督人とは　124

5 遺言書もセットで作成　125

6 遺留分とは　125

7 遺留分への対処法として生命保険を活用　126

8 保険金は相続財産ではない　127

2　ケース2
後継者のいない経営者が任意後見で企業防衛 ················ 129

1 後継者のいない経営者の問題　130

2 成年後見の苦い経験　130

3 任意後見の必要性　133

4 任意後見の発効とは　134

5 任意後見の発効の手続き　135

6 任意後見は認知症に備えた「頭の保険」　135

コラム6 本人のための任意後見人となるには ·············· 136

viii

目 次

3 ケース3
複数の任意後見契約でリスクを回避 ……………………… 137

1 相続対策だけでは不十分なこと　139

2 裁判所は親族を成年後見人に選ばない　141

3 高額な預金は裁判所が管理　142

4 任意後見のメリットとは　144

5 任意後見なら複数後見も可能　145

6 任意後見は成年後見に優先する　146

7 会長Sの対応策──複数後見の契約　146

8 第三者が監督する　147

コラム7 監督人として感じること ……………………………………… 148

4 ケース4
家族信託と任意後見、遺言を設定してM&Aを成功 …… 149

1 後継者のいない経営者の判断　150

2 認知症になるとM&Aの契約ができない　151

3 現状を維持しつつ、万一の時にも対処できる方法　154

4 信託契約で自社株の譲渡契約が可能　155

コラム8 相続対策の提案　専門家ごとに違う特有のクセ ………… 158

5 ケース5
経営者名義の不動産を家族信託して新社屋を建築 …… 159

1 新社屋の敷地は経営者個人の名義　160

2 なぜ不動産を信託するのか　161

3 不動産を信託するには　162

4 税金はどうなるか　164

ix

目 次

6 ケース6
事業承継をトータルに考え、後継者が確実に承継 ········ 167

1 事業承継をトータルで考える　168

2 任意後見と家族信託で、会社と個人を守る　169

3 トータルな設計が重要　171

4 もう一つの重要な対策　174

第1部

経営者が認知症になると
どうなるか？
～待ち構える三つのワナ～

　近年、社会問題化している認知症。認知症や病気で判断能力を失うと財産が動かせなくなり凍結されます。

　一方で中小企業の経営者は、会社の株や事業用の不動産など、多くの個人資産を会社のために使っています。

　経営者が認知症に対する備えがノープランのまま判断能力を失うとどうなるのか。

　会社の経営にとって、大きなワナが待ち構えています。

第1部　経営者が認知症になるとどうなるか？

1　一つ目のワナ
個人資産が動かせなくなる

　銀行の支店長と融資担当者が支店長室で、ある会社の後継者である現社長Ｂと話をしています。
　内容は、本社建替えの建築費用の融資についてです。

支店長：今回の担保に入れていただく不動産は国道沿いで価値が高いので、担保価値は十分ですよ。

現社長Ｂ：本社の建替えは、元社長である父が元気なころからの懸案だったので、やっとここまで来たという感じです。

支店長：ところで、元社長のお父様は最近どうですか？

現社長Ｂ：元気にやっていますよ。時々釣りに行ったり、達者ですよ。

支店長：それなら安心です。引退されて、認知症にでもなったら、お父様名義の土地の担保手続きができなくなってしまいますから。

現社長Ｂ：それは大丈夫だと思いますよ。父は、今でも私が経営のことを相談すると、目つきが変わりますから。

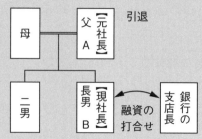

2

数日後、現社長Bの携帯に母から電話がありました。

> 現社長B：え？　親父が転んで骨折？
> Bの母：そうなのよ。今日も釣りに行くって張り切っていたんだけど、玄関のところで転んで、大腿骨の付け根を骨折してしまったの。今病院にいるんだけど、お医者さんが言うには、折れた部分にボルトを入れる手術をするんですって。高齢になるとよくある骨折らしくて、手術は心配なさそうなの。2週間くらいで退院できるって。
> 現社長B：ああ～。そうか。良かったよ。これから社屋を建てる手続きもあるから、親父に万一のことがあると大変だから。
> Bの母：でも、お医者さんは、ちょっと心配なことも言ってたわ。高齢になって急に入院すると、環境の変化についていけずに1週間くらいで認知症になる人もいるって。
> 現社長B：本当?!　それはマズイよ。親父がそうならなければいいけど。

　2週間後、退院した父Aは、息子である現社長Bの顔もわからないくらい、認知症が進んでいました……。

1　経営者が認知症になると経営がストップ?!

　ある会社の社長からの相談でした。

　社長の父Aは、会社の創業者で、元社長。会社の株式は父が100%持っています。その父が認知症になってしまったのです。

　後継ぎである現社長Bは、新社屋を建築する予定でした。新社屋の敷地は、元社長で、父であるAの個人資産です。

第 1 部　経営者が認知症になるとどうなるか？

■ 1-1　新社屋を建築する予定

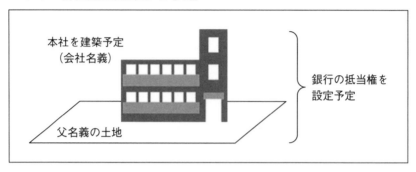

　銀行に借り入れの相談に行ったところ、担保として新社屋と父Ａの持ち物であるその底地に、抵当権設定が必要だと言われました。しかし、建築の計画中、父Ａが認知症になってしまいました。判断能力がないので抵当権の手続きができません。銀行もコンプライアンスを求めるため、認知症の人から、抵当権の手続きの書類に押印をもらうことはできないとのこと。
　結局、その会社は、新社屋の建築計画を断念せざるを得ませんでした。

　中小企業の社長は個人資産と会社の経営が密接に関係することが多く、個人資産を会社の経営のために使うことがよくあります。自分の不動産を会社に貸し付けたり、担保に入れたり、個人保証をしたり、会社にお金を貸し付けたり、などなど。
　社長が認知症になると個人資産を会社のために使うことがすべてできなくなってしまうのです。簡単に言うと、これらの行為をするための書類にハンコを押せなくなるからです。

2 役員すら決められなくなる

　株を持っている人が会社の役員を決めることができます。つまり、株主は人事権を持っています。

　そして、会社の役員には任期があります。任期の長さは会社によっても違いますが、多いのは、2〜10年くらいです。普段は任期が来ても、何も意識せずに必要書類に押印して役員の更新をしていることが多いでしょう。役員を更新するための書類に押印することは、まさにこの人事権を行使していることに他なりません。**普段あまり意識しないでしょうが、これも判断能力があるからできることなのです。**

　この会社はどうでしょうか。100％株を持っている元社長である父Aが認知症です。人事権を持つ人が書類に押印することができなくなっています。押印してもそれは無効です。

　つまり、役員の任期が来て、役員の更新や新たに役員を決めようとしても、法律的にできないのです。

　では、配偶者や後継者が株を少し持っていたらどうでしょうか。

　この場合も問題が生じる可能性があります。

　なぜなら、**役員を決定するための手続きには、最低でも株の議決権の3分の1以上が必須だからです**（定款に規定がなければ2分の1以上）。

　例えば、配偶者が10％、後継者が20％株を持っていても、元社長が70％株を持っていると、役員を更新することができなくなってしまいます。

■1-2　長男が後継者

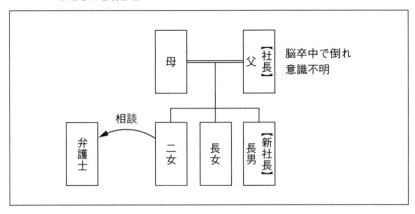

　こんな会社がありました。
　その会社も社長が会社の株を100％持っていました。しかし、その社長が脳卒中で倒れ意識不明になってしまいました。社長の長男が会社に入っていたため、急遽、後継者として取締役になり、社長に就任しました。しかし、それに不満を持つ二女が弁護士に相談しました。
　そして、その弁護士から、長男に対し訴訟がされたのです。後継者の長男が社長になっていたとしても、その選任手続きが無効であるとのこと。
　長男を取締役、そして新社長に選ぶ手続きは、本来は株主である父が行わなければなりません。しかし父は意識不明ですから、その手続きができません。結果として、長男を新社長に選任する手続きに問題があるとされたのです。
　このように、株の大半を持つ大株主（法律上は3分の2以上）が判断できなくなると、役員を更新したり新たに選任したりすることが不可能になってしまいます。そして結果として、会社の経営に大きなダメージを与えてしまうのです。

1 個人資産が動かせなくなる

3 事業承継もできなくなる

　経営者といえども生身の人間です。いつかは亡くなります。

　自分の代で会社を閉じるのでないかぎりは、会社を続けていかなければなりません。

　そのためには会社に関する資産（株、事業用不動産など）を、後継者に引き継がせなければなりません。

　そのためによく行われているのは、遺言や生前贈与でしょう。

　後継者に株を生前贈与している。後継者に株を渡すための遺言を書く。後継者に事業用不動産を渡すための遺言を書く。

　これらはすべて判断能力があるからできるのです。

　冒頭の事例の元社長Ａはどうでしょうか。

　認知症ですでに判断能力がなくなっています。そうすると、遺言を作ることができません。株などを生前贈与することもできません。

　このように、事業承継に関する生前の手続きがまったくできなくなってしまうのです。

　そうすると、資産を持つ元社長Ａが亡くなるまで待つしかありません。元社長Ａが亡くなった後に、相続人全員で元社長の財産をどのように分けるか協議をする必要があります。遺産分割協議といいます。この遺産分割協議は**相続人全員の合意が大前提**です。

　事業用資産は、資産価値が大きくなることが多いです。仮に後継者である長男Ｂが株と事業用の不動産を相続しようとすると、不公平になるかもしれません。二男がそれに納得してくれればいいのですが、納得してくれないと大変です。事業用資産はすべて共有状態になり、何をするにしても二男の了解が必要になりま

7

第1部　経営者が認知症になるとどうなるか？

す。これでは、会社の経営にも支障が出るでしょう。

　このように、**会社に関する資産を持つオーナーが認知症になる**
と、事業承継の準備ができなくなり、会社の経営に大きな不安を
残すことになってしまうのです。

4　普段の生活にも困る

　この元社長Ａは自分の預貯金の口座を持っていることでしょ
う。認知症になると、とにかく困ることは、この口座からお金を
下ろすことができなくなることです。銀行の窓口で、本人確認を
され、本人以外が引き出しに来ると引き出しに応じてもらえませ
ん。本人が認知症であることがわかると口座がロックされてしま
います。

　このように、口座の名義人が認知症になると、預金の引き出し
ができなくなってしまいます。つまり普段の生活費の支払いすら
できなくなってしまうのです。その他、医療費や介護に必要な費
用も、もちろん引き出すことができません。これでは、会社の経
営どころか普段の生活もできなくなってしまいます。

　では、認知症になったら、財産的なことはまったくできなく
なってしまうのでしょうか？

　いえ、そんなことはありません。法律はそのような人にも大丈
夫なように制度を作っています。

　成年後見制度といいます。

　銀行の窓口で本人が認知症とわかると次のように言われると思
います。

　「お金を下ろすためには『成年後見人』をつけてください。」

　しかし、成年後見人は、会社の経営者にとっては第二のワナに

8

1　個人資産が動かせなくなる

なり得るのです。赤の他人が会社の経営にタッチするかもしれないからです。

コラム 1　親の財産　把握するウラ技？

　親の介護が必要になると、何かと入り用になるもの。

　医療費はもちろん、施設への入所費用の支払い。在宅介護なら家事代行のハウスキーパーさんを雇ったり。

　親がしっかりしていればいいのですが、認知症の症状が出始めると、お金の支払いにひと苦労することも。

　子どもとしては、親の財産はどこに何があるかわからない。でも、親にはなかなか聞けない。いざ聞こうとすると「私の財産を狙っているのか！」と疑われるのではないかと心配です。これからお金がかかることを考えると、親の財産（特に預貯金）は把握しておきたいものです。

　そこで、親の財産を聞き出す、ちょっとしたウラ技（？）をお伝えします。それは、専門家から聞いてもらうこと。

　親と一緒に、司法書士や弁護士などの専門家のところに相談に行きます。もし親が認知症になったら財産の管理はどうしたらいいのか、という内容でいいでしょう。そして、その専門家から財産は何を持っているか聞いてもらうのです。

　親子の間ではなかなか言えない財産のことを、専門家の前では、あっさりとお話しすることもよくあります。

　私も、親の財産の内容をよく伺いますが、皆さんお話ししてくれますよ。専門家をこのように使うのも一つの方法ですね。

9

第1部　経営者が認知症になるとどうなるか？

2 二つ目のワナ
成年後見人
—— 財産を管理するのは第三者

　会社の会議室で、銀行の支店長と現社長Ｂが打合せをしています。

> 支店長：お父様の状況からすると、このままでは担保の手続きができません。意思判断ができないので、申し訳ありませんが、銀行としては手続きを進めることができません。
>
> 現社長Ｂ：支店長、それは困りますよ。本社の建替えは、設計会社とも話が進んでいますし、今更やめるわけにはいかないですよ。それに審査もOKと言っていたじゃないですか。
>
> 支店長：申し訳ありません。計画が進んでいることもわかっています。そこで、成年後見人を付けていただけないでしょうか。
>
> 現社長Ｂ：「成年後見人」とは何でしょうか？
>
> 支店長：お父様のように、意思判断ができなくなった人の代わりに、意思判断をしてくれる人です。家庭裁判所に付けてもらいます。
>
> 現社長Ｂ：そうしたら、担保の手続きができるのですか？
>
> 支店長：そうだと思います。当行でも、判断能力がなくなった親の口座から、ご家族の方がお金を下ろしに来ることがありますが、そのときは「成年後見人を付けてください」とお願いしています。そうするとご家族が成年後見人になって、その後お金を下ろしに来ることがありますよ。

10

> 現社長Ｂ：そうすると、私が父の成年後見人になればいいのですか？
> 支店長：そうですね。

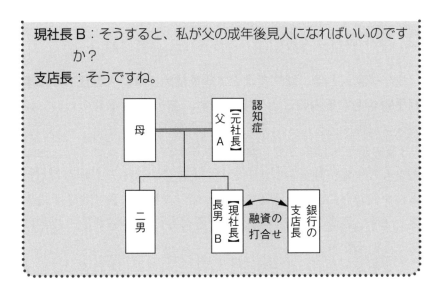

　それから時が経ち２か月後。現社長Ｂに知らぬ名の弁護士から１本の電話がありました。

> 弁護士：こんにちは。弁護士の〇〇と言います。
> 　＊声の感じから、30歳前後の印象です。
> 弁護士：家庭裁判所から、私があなたのお父さんであるＡさんの成年後見人に選任されました。つきましては、お父さんの財産関係の書類をすべて受け取るために、日程を調整したいのですが、ご都合がよいときはありますか。
> 現社長Ｂ：えっ？　私が成年後見人になるものと思っていましたが……

　成年後見人を付ける手続きをした結果、元社長Ａの成年後見人には、それまで会ったことがない弁護士が選任されたようです。現社長Ｂは、父の成年後見人には選任されませんでした。

第１部　経営者が認知症になるとどうなるか？

1 成年後見人とは

　成年後見人とは、認知症などで判断能力がない人の代わりに事務手続きをする人のことです。簡単に言うと、「本人の代わりにハンコを押す人」です。家庭裁判所が選任します。

　５歳の子どもは自分で判断して事務手続きはできません。お年玉をもらって、貯金をしようとしても自分ではできません。だから親が代わりに口座を作ったり、お年玉を口座に入金する手続きをします。法律で親が、未成年の子どもの代理ができることになっているからです。

　成年後見人は子どもと親の関係に似ています。高齢者が認知症で判断能力がなくなり、自分で事務手続きができなくなることがあります。そうすると普段の生活が困るので、代わりに事務手続きをしてくれる人が必要になります。それが成年後見人です。成年後見人が、判断能力がなくなった人の代理をします。つまり、代わりに様々な手続きのハンコを押すということです。

　５歳の子どもは、誰でも自分で口座を作ったりできないことは当然ですが、85歳の人は元気な人もいれば、認知症の人もいます。ですから、誰かが、「この人には後見人が必要かどうか」を判断しなければいけません。その判断を家庭裁判所がするのです。実際は、医師の診断書に基づいて家庭裁判所が判断します。

　成年後見人は、判断能力がなくなった人の代わりに判断して、お金の出し入れや、施設や病院の支払い、年金など行政の手続きといった事務手続き全般を行います。まさに「代わりにハンコを押す人」です。

12

2 成年後見人に誰がなるのか

　冒頭の事例では、息子である現社長Ｂが父の成年後見人に選ばれずに、赤の他人の弁護士が選任されました。

　本当にそのようなことが起こるのでしょうか。

　家庭裁判所が発表しているデータでは、実に10人中7人が司法書士、弁護士、社会福祉士などの専門職の人が選ばれています。親族が成年後見人に選ばれるケースは10人中3人以下です。実際、著者の我々もそれまで会ったことがない人の成年後見人を何人もしています。

　これには理由があります。

　判断能力がなくなった人のお金の出し入れや、事務手続き全般を行う成年後見人は、以前は子どもなど親族が多く選ばれていました。しかし、親族が成年後見人になると、判断能力がなくなった人の財産（特にお金）を使い込んでしまうケースが多発しました。もしかしたら親は元気なとき、それを許していたのかもしれません。しかし、成年後見人という立場では、それは許されません。家庭裁判所には監督責任があります。このように、お金の使い込みがあると、家庭裁判所の責任が問われることもあります。事実、家庭裁判所自体の監督責任を問われる裁判が行われるケースもありました。

　一方で、専門家が成年後見人に選ばれると使い込みはほとんどありません。「弁護士や司法書士などの後見人の使い込みが報道されることがあるじゃないか」と思われるかもしれません。しかし、これはニュースになるからです。親族が親のお金を使い込んでもニュースにはなりません。しかし、弁護士や司法書士などがお金を使い込んだらニュースになるので、大きく報道されるだけ

第1部　経営者が認知症になるとどうなるか？

です。実際は、親族がお金を使い込むケースと比べると、専門職がお金を使い込むケースは数十分の一程度です。ですから、家庭裁判所は専門職を成年後見人に選任したいのでしょう。

　特に、経営者のように、ある程度の資産を持っている場合、成年後見人として専門職が選任されるケースが多いです。そのために、冒頭の事例の元社長のＡも、専門職である弁護士が成年後見人に選ばれたのです。

　そうすると、元社長Ａのすべての財産は、この弁護士が管理することになります。銀行の個人口座はもちろん、不動産その他の財産すべてです。その中には会社に提供している土地や会社の株も含まれます。これはかなり問題だと思いませんか。

3 会社の経営権も後見人に?!

　成年後見人が付くと、個人口座からお金の出し入れは後見人が行います。本人ですらできなくなります。といっても、本人は判断能力がないでしょうから当然できません。

　経営者の個人資産は、一般的なサラリーマンだった人の個人資産とまったく異なります。そうです、会社の経営に関する資産を保有しています。会社の株や会社に貸している不動産などです。特に会社の株は経営権に直結しています。

　これら会社の経営に重要な影響のある株や不動産も第三者の後見人の判断に任せることになるのです。

　株には人事権が付いています。株を持っている人が会社の取締役などの役員を決めることができます。そうすると、息子である現社長のＢが自分を取締役にしてもらうためには後見人である弁護士に頼まなければいけないのです。

14

これは、おかしいと思いませんか。

　後見人はそれまで、赤の他人です。会社にもまったく関係ありませんでした。それなのに、もし後見人が「あなたを役員にするわけにはいかない」と判断したら、社長だった息子Bが会社を経営することができなくなってしまうのです。もちろん、こんなことはほとんど起きないでしょう。しかし、家族間でイザコザがあり、後継者の長男Bと、会社に関係ない二男が対立したらどうでしょう。長男Bは、「私を取締役にしろ」と言ってきて、二男は「それは絶対ダメだ」と言ってきたら後見人は困ってしまうでしょう。相続になったらどちらも権利は平等なのですから。

　ですから、会社の経営者は、判断能力がなくなることに対策が必要です。そうでないと、会社に関係のない他人に経営判断を任せることになりかねません。これは、大変危険なことではないでしょうか。

4　成年後見人を変更することはできるか

　このような相談を受けることがあります。

　「後見人と意見が合いません。後見人を別の人に代えることはできるでしょうか？」

　実は、これはほぼできないのです。

　後見人がお金を使い込んだなどの犯罪的な行為をしないかぎり、後見人を交代させることはできません。交代とは、現在の後見人を解任して、新しい後見人を選任するということです。

　解任は家庭裁判所が決定します。「意見が合わない」くらいですと家庭裁判所は取り合ってくれません。そもそも成年後見人をやめさせるための基準は法律で決まっています。不正行為やまっ

第1部　経営者が認知症になるとどうなるか？

たく仕事をしない場合、被後見人（本人）を虐待する場合などです。その他には、後見人が破産したり行方不明になったりした場合でしょうか。

　後見人としての仕事をしていれば、それが家族と意見が合わないとしても、後見人としては合格なのです。

　一方で、後見人が自らやめる（辞任する）ことはあり得ます。この場合も正当な事由があり、かつ、家庭裁判所の許可が必要です。正当な事由とは、例えば、後見人が病気で業務ができなくなったとか、遠くに引っ越すことになった場合などです。

**　解任する場合も、辞任する場合も、家庭裁判所は次の後見人を必ず選任します。ですから、たとえ後見人を解任できたとしても、後見人がいなくなることはありません。**

5　後見制度の利用をやめることはできるか

　「成年後見がこんなに大変とは知りませんでした。後見をやめることはできないでしょうか？」

　これはもっと難しいといえるでしょう。

　後見制度を利用すると基本的には一生続きます。制度の利用をやめる場合は、判断能力がなくなった本人の判断能力が回復した場合です。認知症になって判断能力がなくなったとしたら、その認知症が回復した場合です。これはなかなかあり得ないのではないでしょうか。

　そうでなければ、後見はずっと続きます。終わるときは、判断能力がなくなった本人が亡くなったとき。亡くなれば、その本人の財産は相続人に引き継がれ、後見は終了します。

　後見人は、家庭裁判所が選任します。会社の経営者の場合は、

16

それなりに資産がありますので、弁護士や司法書士などの専門職が選ばれることが多いでしょう。それまでまったく会社に関係のない赤の他人が経営権を握ることになります。

そして、後見制度を一度利用すると、基本的には一生続き、後見人をやめさせることも変更することも簡単にはできません。

ですから、会社の経営者にとって、認知症に対するプランがノープランのままで認知症になるわけにはいきません。認知症対策は、法的な保険。別の言い方をすれば、**「企業防衛」**の一つといえるでしょう。

第1部　経営者が認知症になるとどうなるか？

三つ目のワナ

3

成年後見でできること
──会社のために使えない

　銀行の支店長と会社の後継者である現社長Ｂが、後見人である弁護士の事務所で打合せをしています。

> **弁護士**：今日はわざわざありがとうございます。それで、ご用件は何でしょうか。
>
> **現社長Ｂ**：はい、実は、私が社長を務める会社の社屋の建設の計画がかなり進んでいます。その社屋の敷地が、先生が後見人をしている父Ａの名義になっています。
>
> **支店長**：社屋の建設費用は当行が融資をすることになっており、審査も通っています。ただ、元社長の名義の敷地には抵当権を付けさせていただくことが条件です。
>
> **現社長Ｂ**：そこで先生には抵当権の手続きをしていただきたく、今回お願いに参りました。
>
> **弁護士**：つまり、お父さんであるご本人名義の土地に社屋を建設したいということでしょうか？　そして、御社が建設費の融資を受け、私が後見人をしているＡさんの名義の土地に抵当権を設定したいと。
>
> **現社長Ｂ**：そのとおりです。
>
> **弁護士**：これはかなり難しいと思いますよ。
>
> **現社長Ｂ**：え？　なぜでしょうか。元々は父が主導していた話ですが。
>
> **弁護士**：たとえＡさんが元気なときにそのような意思があった

18

としても、それは別問題です。Ａさんの土地に抵当権を設定するには、その土地を失う可能性があります。元社長でも会社は第三者です。その第三者のために、Ａさんの財産を危険にさらす行為は、基本的にはできません。

現社長Ｂ：そんな。ではどうしたらいいのでしょうか？ すでに設計もほぼ終わって、かなりの費用も発生しているのですが。

弁護士：会社が買い取ることはいかがでしょう。あ、でもお隣はＡさんのご自宅でしたよね。その敷地はＡさんのご自宅の敷地にはなっていないですよね。

現社長Ｂ：たしか、自宅が一部建っていたと思いますが。

弁護士：であれば、それは無理です。自宅の一部になっているのであれば、売るにしても抵当権を設定するにしても、家庭裁判所の許可が必要になります。Ａさんの場合、お金は十分ありますので、家庭裁判所の許可はまず出ないでしょう。

現社長Ｂ：そこを何とか。家庭裁判所に確認するくらいはしていただけないでしょうか？

弁護士：わかりました。一応確認くらいはしてみます。

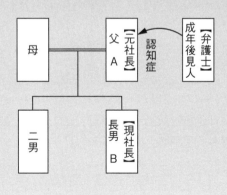

第１部　経営者が認知症になるとどうなるか？

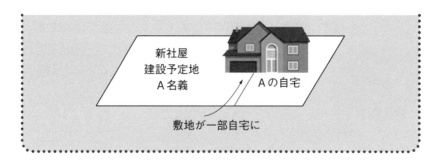

１週間ほど経って、弁護士から電話がありました。

> 弁護士：やはり、裁判所からは今回の取引を控えるようにと指示がありました。Ａさんは十分に資産があるので売却の必要性もないし、自宅の敷地を会社のために抵当権に入れることも差し控えるようにと。
> 現社長Ｂ：そんな。では、担保に入れることはできないのですか。
> 弁護士：できないでしょう。特に担保は、会社のためにＡさんの自宅の敷地を危険にさらす行為です。
> 現社長Ｂ：でも、設計図もできてしまったので、支払いもしないといけないし、プレハブの解体も決まっていたのに。ではどうしたらいいのでしょうか？
> 弁護士：Ａさんが亡くなるまで社屋建設はあきらめていただくしかありませんね。

1 担保の設定――裁判所からストップが

　現社長Ｂは、プレハブの解体準備と新社屋の設計まで済ませ、銀行に借り入れの申し込みをしました。その新築建物と土地へ抵当権設定することを条件に、銀行の融資承認が出ました。

ところが、計画の途中で父である元社長Ａが骨折を原因とする入院で、認知症になってしまったのです。入院すると、それまでの生活環境が一変します。高齢者の場合、その生活環境の変化で認知症が一気に進んでしまうことが、時々あるのです。

認知症で判断能力がなければ、土地に抵当権を設定する行為ができません。特に近年はコンプライアンスが厳しく問われるようになったので、判断能力がない人に契約をさせることは許されません。

そこで、仕方なくＡのために成年後見人を選んでもらう申立てをしました。息子である現社長Ｂが後見人になるつもりでした。ところが、後見人に選任されたのは、赤の他人の弁護士でした。

その弁護士に父の銀行口座だけでなく、会社の株もすべて管理されるようになりました。もちろん、Ａ名義の土地もです。その土地に社屋を建設する予定です。そして建設資金のためにその土地に抵当権を設定しなければいけません。しかし、その土地は自宅に一部かかっていました。そのために抵当権の設定には裁判所の許可が必要です。ところが、裁判所は抵当権の設定を許しませんでした。

裁判所は、元社長のＡが生活するためには十分な資産があり、会社の借り入れのために担保提供する必要はないと判断しました。後見人まで付いている元社長のＡが、新たに銀行に担保を提供するリスクを負う必要性はないとの判断です。そして、計画の中止を指示してきました。

第1部　経営者が認知症になるとどうなるか？

2　新社屋の計画が頓挫

　これにより現社長Bは、1,000万円をはるかに超える設計料を個人で支払い、計画を白紙に戻さざるを得なくなりました。

　その上、元社長の何十億という個人資産は、元社長が死ぬまで凍結されてしまったのです。あとは、相続税の支払いを待つばかりです。

　成年後見人がするべきことは資産を守ること。ですから積極的な運用や相続税への対策はできません。そのことを、銀行も現社長Bも知らなかったのです。

　そのため、今後できることは、元社長Aの普段の生活を守ることが中心となります。衣食住の基本を満たす生活です。不動産に関しては、建物の水漏れなどの緊急なことや、客観的にみてどうしても必要な改修程度しかできなくなります。

　現社長Bは、納得できない様子でした。しかし、後見人である弁護士は、「それはできません」と言うばかりで、どうすることもできませんでした。

3　成年後見では、会社のために財産が使えない

　中小企業の経営者は個人と会社が密接に関係しているため、個人資産を会社のために使うことがよくあります。

　自分の不動産を会社に貸し付けたり、担保提供したり。自分のお金を会社に貸し付けたり、資本金として出資して増資をしたりすることもあります。これらは経営者個人の財産を減らす可能性がある行為です。

　一方で後見制度は、認知症で判断能力がなくなった人の財産を

22

3 成年後見でできること

守りつつ、生活が困らないようにするための制度です。ですから基本的に財産を減らす行為は許されません。

　また、財産を使うにしても、本人のために使うことが基本です。会社のために使うことは、本人のためではありません。ですから裁判所は、本人の会社のためでも経営者の個人財産を使うことは許さないのです。本人の不動産を会社の融資の担保に差し入れることは、万一返済が滞った場合、本人の不動産を失うことにつながります。そのため、成年後見人には本人の不動産を会社のために担保提供をすることは許されないのです。

　ましてや、今回は自宅の敷地も担保提供しなければなりません。自宅についてこのような行為をすることは、法律上、裁判所の正式な許可が必要になります。今回のような、会社のための融資で自宅の敷地を担保提供することは、裁判所はまず許可を出さないでしょう。本人の生活のために必要な行為ではないからです。

　他には、**会社に個人資産を貸し付ける、会社のために出資する、自宅の敷地を会社に貸す**などは、基本的にすることができなくなってしまいます。

４ 会社の株にも問題が

　株を持っている人が認知症や病気で判断能力がなくなると、株にともなう経営権が行使できなくなってしまいます。**経営権で最も重要なものは人事権です**。つまり取締役などの役員を決定することができなくなってしまいます。

　しかし、成年後見人を付ければ解決というわけにはいきません。

23

第 1 部　経営者が認知症になるとどうなるか？

　まず、成年後見人は、家庭裁判所が選任します。通常は弁護士や司法書士などの専門家が選任されます。これらの人は、これまで会社には無関係だった第三者です。つまり、**この会社に無関係の第三者が会社の経営権、つまり人事権を握ってしまうのです。**

　しかし、会社の経営権を握ってしまうといっても、成年後見人に選任された専門家は自分の好き勝手に経営権を行使することはないでしょう。家族や会社の関係者とよく相談しながら経営権を行使するはずです。「はずです」というのは、後見人によって判断が違うからです。

　ところが、家族や会社内で対立があったらどうでしょう。

　ある人はＢを次の社長にしろと言い、別のある人は違う人を次の社長にしろと言う。これでは、成年後見人は困ってしまいます。成年後見人に選ばれた専門家は、会社内の権力トラブルに巻き込まれたくないでしょうから、会社の経営権の行使を避けるかもしれません。

　また会社で新規事業を行うとしても、その決定権も後見人である弁護士や司法書士が握っているといえます。

5　究極的には裁判所が経営の決定権を握る

　今回の事例では、敷地を担保に入れることはできませんでした。

　誰が最終判断をしたでしょうか。

　後見人である弁護士は、家庭裁判所に確認しました。もし、家庭裁判所が了解したら、担保提供の話は進んだでしょう。つまり、**最終決定は家庭裁判所がしたことになります。**究極的には裁判官です。

24

3　成年後見でできること

　裁判所の職員や裁判官があなたの会社を訪問することはありません。会社の状況や経営内容を確認することもありません。何も対策をしないで、経営者が判断能力を失うと、個人資産については家庭裁判所が最終決定権を持つことになるのです。家庭裁判所の職員も、税務署や労働基準監督署の職員と同じ公務員です。会社の経営をしたことがない人がほとんどでしょう。税務署や労働基準監督署の職員が会社に対してどのような判断をする傾向があるか、あなたも経験があるでしょう。**成年後見人を付けるということは、家庭裁判所に経営の最終判断を委ねることになるともいえます。**

　人事権が握られ、経営権も握られる。

　これでは会社の経営がストップしてしまいます。

　ですから、**会社の経営者が何も対策をしないまま、認知症などで判断能力がなくなることは絶対に避けなければならないのです。**

25

第1部　経営者が認知症になるとどうなるか？

4	経営者の認知症対策 どうしたらいいのか

　中小企業の経営者が認知症などで判断能力を失うと、法律上、会社の経営に重大な影響を及ぼすことをわかっていただけたでしょうか。

> ・経営者本人では株や個人資産に手を付けられなくなる。
> ・後見人を付けると、第三者が株や個人資産を管理することになる。
> ・後見人を付けても、会社のために株や個人資産を使うことが難しくなる。

　このように、会社の経営どころではなくなってしまいます。

　もちろん経営者本人も、家に帰れば普通の個人です。食事もするし、衣服も必要。病気になれば病院にもかからなければなりません。このような通常の生活は成年後見で十分に対応できます。しかし、経営者は会社を守り成長させていかなければなりません。そこには多くの従業員やその家族の生活もかかっています。

　ですから、経営者は健康に留意することはもちろんですが、万一、判断能力を失う事態になっても、会社が回るようにしておくことはとても重要です。企業防衛といえるでしょう。

　では、どのような対策があるのでしょうか？

　残念ながら事後では対処のしようがありません。しかし、事前

26

対策なら二つあります。

一つは、**任意後見**。

もう一つは、**家族信託（民事信託）**です。

1 任意後見による解決方法

任意後見人とは、元気なうちに自分で決めておく後見人です。

将来、万一、判断能力がなくなったときに備えて、自分で後見人を定めておくことができます。「私がもし認知症になったら頼むよ」という契約ですね。もちろん判断能力があるうちでないとできません。公正証書で契約します。

何もしないまま認知症になると、成年後見しか手がありません。そして成年後見人は裁判所が決めます。自分や家族は決められません。しかし、任意後見を元気なうちにしておけば、後見人は自分で決められるのです。

後継者が決まっているのであれば、後継者である子どもと父とで、任意後見契約を締結しておきます。そうすると、父が認知症になっても、子どもが後見人になります。

そして、不動産の有効利用などが予定されているのであれば、その具体的な内容を契約書に盛り込んでおけばいいのです。個人資産に余裕があるのであれば、その資産での建築代金支払いについても記載しておくことにより、可能になります。

そして、普段の生活のやりくりや、医療費、介護費用の支払い、各種行政機関との手続きも任意後見人がすることができます。

このように、任意後見をしておけば、成年後見は不要になりま

第1部　経営者が認知症になるとどうなるか？

す。第三者に、個人資産をすべて管理されることを防ぐことができるのです。

2 家族信託による解決方法

こちらも元気なうちに設定しておく必要がある事前対策です。

今回の事案では、元社長Aの個人名義の土地が問題になりました。この土地を後継者である現社長Bに信託という形で譲渡しておくのです。

「信託」と名前がついていますが、投資信託とは関係ありません。信託銀行を通す必要もありません。個人間の信託です。かつての小泉政権の規制緩和の一環で、個人間の信託が可能になりました。

土地を現社長Bに信託すると、土地に関する手続きはすべて現社長Bが行うことができるようになります。つまり、抵当権の手続きもすべて現社長Bが行います。ですから、元社長Aが判断能力を失っても、現社長Bが元気であるかぎり問題なく抵当権の手続きができるのです。

信託も、元社長Aが元気なうちでないと設定できません。つまり事前対策です。

任意後見は具体的な内容を事前に決めておく必要がありますが、**信託では目的と方向性を決めておくだけで具体的な内容まで決めておかなくて大丈夫です**。信託では信託する財産は特定しなければいけません。任意後見は、基本的にはすべての財産をカバーできるという点が異なります。

このように**家族信託をしておくことにより**、信託した**財産の管理・処分権限だけを移す**ことができるようになるのです。

28

3 任意後見か家族信託か

　では、任意後見と家族信託、どちらを利用したらいいのでしょうか。

　結論は、両方利用する、です。

　私がお手伝いした多くの経営者も、両方設定しています。

　任意後見は、年金や介護などの行政手続きや、財産全体の管理を任せることができます。

　しかし、財産の管理方法で柔軟な対応ができにくい部分があります。

　特に自宅を処分したり、担保を設定したり、会社の経営権の決定などは、任意後見では不確実な部分があります。

　そこを、家族信託で対応するのです。

　逆に家族信託だけですと、行政手続きは対象外でできません。財産の管理・処分だけです。すべての財産を包括的に管理することも家族信託ではできません。

　例えば、年金手続きをして支給された年金を生活費に使うといったことは、家族信託では難しいのです。そこを任意後見でカバーするわけです。

　一方で、家族信託なら「会社の運営が上手くいくように」とか、方向性を決めておけば、後は後継者に任せることができます。このような決め方は任意後見ではできません。

　ですから、**任意後見で包括的に網をかけて、会社に関係する株や事業用の不動産は家族信託を設定する。**多くの経営者が、認知症対策としてこのような利用方法をしています。

■1-3 任意後見で包括的に網をかけて、不動産は家族信託を設定

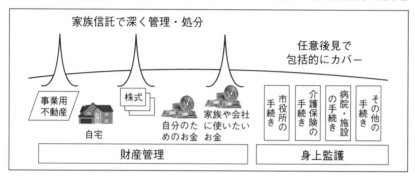

また、任意後見と家族信託をまとめると次の表のようになります。

■1-4 任意後見と家族信託の比較

	任意後見	家族信託
財産の管理者	自分で決めた人	自分で決めた人
頼める範囲	行政手続きなど生活全般から、すべての財産の管理	信託した財産のみ（行政・医療の手続きなどは不可）
財産管理の深さ	基本は現状維持 事前に定めておけば処分や投資的な行為も可能	処分や投資的行為も可能
管理者への報酬	任意	任意
管理者を監督する人	裁判所から必ず付される	付けることも可能。監督人も自分で決められる

4 イザというときの備えは常に「事前対策」

会社の経営では、イザというときのために様々な備えをしているでしょう。

- ・事故に備えての損害保険や生命保険
- ・火災や災害のための備え
- ・在庫が切れないような仕組み
- ・機械の修理用部品や安全装置

など、すべて事前に対策をしておくことが必要ですよね。

法律も同じ。

経営者がそれなりの年齢になっているなら、病気や認知症で判断能力を失った場合に対する備えです。

■1-5　性別・年齢別　認知症有病率

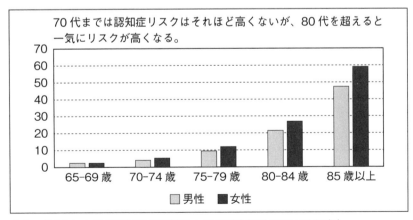

出典：「日本における認知症の高齢者人口の将来推計に関する研究」
　　　2014年度 総括・分担研究報告書　二宮 利治　ら

第1部　経営者が認知症になるとどうなるか？

　このグラフのように、80代を超えると、認知症リスクが一気に高くなります。85歳以上では、2人に1人が認知症になっています。

　ですから、経営者や個人名義の会社が使用している不動産がある人には、この認知症リスクへの事前対策は重要です。まさに企業防衛です。

　任意後見と家族信託は、経営者個人の認知症というリスクのための企業防衛です。次からは、この二つを詳しく見てみましょう。

第2部

経営者の認知症対策
その1　任意後見
～財産の管理だけでなく
各種手続きの代行もできる
オールラウンドプレイヤー～

　任意後見制度は、本人が自分のことを決めることができなくなった後でも、契約によって本人の希望（誰を後見人にするのか、財産をどう使うのか、どのようなところに住むのかなど）を伝える機能を備えた、人生100年時代になくてはならない制度です。

　日本は今、自分の将来設計を若いうちから考えなければならない時代となりました。是非あなたの人生設計の参考にしてください。

第2部　経営者の認知症対策　その1　任意後見

1 任意後見とは何か

　銀行の窓口に、高齢の男性Cと、その娘Dが、定期預金を解約しに来ているようです。

> 窓口担当：定期預金のご解約は、この用紙にご記入ください。
> 娘D：父は、字を書くのが大変なので、私が代わりに書いてもいいでしょうか？
> 窓口担当：構いませんが、最低限、氏名はお父さんに書いていただく必要があります。
> 娘D：わかりました。
>
> （しばらく記入して）
> 娘D：お父さん、ほら、ここに名前を書いて。
> 父C：ここに書けばいいのかい？　最近、字を書くのが大変で。
>
> （そこに、銀行の支店長がやって来ました。）
> 支店長：今回は、解約の手続きを受け付けますが……。このままだと次回はちょっとわからないですよ。今のうちに任意後見をしておくか、そうでないと成年後見が必要になりますよ。
> 娘D：任意後見？　成年後見？　どのようなものでしょうか？

34

■2-1　後見制度

法定後見	任意後見
後見人の決定 ⇒【裁判所】 ・成年後見人 ・保佐人 ・補助人	後見人の決定 ⇒【自分】 ・任意後見人

　認知症などで、判断能力が不十分になったり、なくなったりすると、日常生活が大変です。生活費のためのお金が銀行で下ろせなくなったり、行政の手続きが自分でできなくなったりと、家族がいても日常生活が不自由になります。そこで、それらの手続きを代わりに行う人（後見人）を付ける制度として**後見制度**があります。

　後見制度には、後見人を裁判所が決める「法定後見」と、後見人を自分であらかじめ決めておく「任意後見」があります。

　「法定後見」は判断能力がなくなった人のために裁判所が後見人を付ける制度。つまり**事後対応**です。

　「任意後見」は判断能力があるうちに、自分で後見人を決めておく制度。つまり**事前対策**です。

1 法定後見制度とは

　法定後見とは、認知症等に対するプランがないままに判断能力が低下した人のための制度です。

冒頭の銀行でやりとりした父Cが、このまま判断能力の低下が進むと、銀行でのお金の出し入れができなくなります。この場合、お金の出し入れやその他の事務手続きを代行する「後見人」を家庭裁判所が選びます。「法」が「定」める後見人だから、「法定」後見人。「法」は「裁判所」という意味です。

　後見人には通常は弁護士や司法書士等の専門職が選ばれます。娘のDが選ばれることはあまりありません。

　法定後見人は、本人（判断能力が低下した人、事例ではC）**が何を求めているかを考えながら、本人の代わりに預貯金の引き出しや行政の手続きなどの事務処理を行ったり、本人が自分でした不利益な契約などを後から取り消すなどして本人を守ります。**

　法定後見制度は、後見・保佐・補助の三つの類型があります。本人の判断能力の程度に応じてどの類型にするか家庭裁判所が決めます。

■2-2　法定後見制度

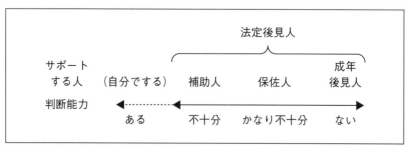

　成年後見人など、本人をサポートする人が選ばれます。**判断能力がない人には「成年後見人**[1]**」、かなり不十分な人には「保佐人**[1]**」、多少不十分な人には「補助人**[1]**」が選ばれます。**

　法律で、できる範囲が異なります。

1　任意後見とは何か

　「成年後見」は、本人が精神上の障がい（認知症、知的障がい、精神障がい等）で、判断能力がなくなってしまった状態の人です。日常の買い物は自分でできたとしても、それ以上のことは自分では難しい人は、成年後見になります。成年後見人が、すべての事務手続きを代行します。

　「保佐」は、判断能力がとても不足している人です。一人暮らしはできるけど、不動産の購入や、自宅の大規模リフォームなど、高度な判断能力が要求されることは誰かのサポートが必要な人です。保佐人と呼ばれる人が、判断能力が不足する本人と一緒に手続きをしたり、一部は代行したりして、日常生活が送れるようにします。

　「補助」は、判断能力が少し不足している人で、保佐より軽度の人です。保佐と補助の見極めは難しいですが、医師が判断してくれます。補助人が、判断能力が不足する本人をサポートして、日常生活が送れるようにします。

　どの類型の法定後見にするのかは、医師の診断書や鑑定の結果を参考に家庭裁判所が決めます。

　家庭裁判所は、成年後見人等が行う手続きを監督します。

　つまり、認知症等に対する準備をしないまま判断能力が低下すると、財産の管理は、裁判所の監督下に置かれます。成年後見人などは、裁判所が選びますが、多くの場合は、弁護士、司法書士などの専門家です。ですから、直接の財産の管理（お金の出し入れや不動産の管理・処分など）は、第三者である専門家の後見人が行うことになります。

1　成年後見人、保佐人、補助人をまとめて、「法定後見人」といいますが、本書では、一般によく使われている「成年後見人」ということにします。

37

第２部　経営者の認知症対策　その１　任意後見

2 任意後見制度とは

　任意後見は、自分の判断能力低下に備えて、元気なうちにしっかり将来のプランを立てる人のための制度です。**任意後見人を付けておけば、成年後見人が選ばれることはありません**[2]。

　自分で、自分の後見人を「任意」に定めるから「任意」後見といいます。

　自分の判断能力がしっかりしているうちに家族や自分の信頼する人に、将来、認知症などになったときの財産管理や、事務手続きをお願いしておきます。任意後見契約をする本人は、契約の時には、判断能力が必要です。そのため、知的障がいなどで先天的に判断能力が弱い人は、裁判所に後見人を決めてもらう法定後見制度を利用することになります。

　任意後見契約は公正証書で作成します。子どもなどを後見人に選び、将来、自分が認知症などで判断能力が衰えたとしても、後見人に財産の管理や契約などの事務手続きを行ってもらうことができます。

　任意後見人には、家庭裁判所から監督人が付けられます。事務手続きの結果は、この監督人に報告します。

　任意後見は、交通事故に備えた自動車保険、ガンに備えたガン保険と同様、将来の認知症などに備えた「頭の保険」ですね。

　認知症等に対するプランがないままで認知症になると法定後

2　任意後見人が使い込みをする等、問題がある場合は、裁判所により、成年後見の手続きに移行する場合もあり得ます。しかし、ケースとしては、現状ほとんどありません。

　また、任意後見人が先に死亡した場合であれば、成年後見に移行することはあり得ます。

見。誰が後見人になるかわかりません。プランを立てておくと任意後見。自分で選んだ人が後見人になれるという点が大きな違いです。

　認知症などで判断能力がなくなると、預金口座のお金の出し入れすらできなくなります。

　その場合、誰か他の人がお金の出し入れを行うことになります。法定後見か任意後見です。

　認知症等に対するプランがないままで認知症になると法定後見しか方法はなく、後見人を裁判所が選びます。しかし、自分の認知症に備えて任意後見人を決めておけば、後見人を自分で選ぶことができます。

　任意後見は、自分でプランを決めておきたい人のための制度といえるでしょう。

第2部　経営者の認知症対策　その1　任意後見

2 成年後見人に選ばれない オーナー家族の苦しみ

　ある会社の会長Ｅが、脳梗塞で倒れ認知症になり、成年後見の申立てをしたところ弁護士が後見人に選ばれました。息子Ｇが後見人になれなかったと、会長の妻Ｆが憤って相談に来られました。

妻Ｆ：夫のことは家族が一番よく知っています。私たち、家族が後見人になるのが一番いいでしょう？　そう思いませんか？

司法書士：そうですね。私もそう思いますが、最近は家族が後見人に選ばれることは少なくなっています。近年、旦那さんのような資産家は、親族が後見人になると横領が絶えず、家庭裁判所としても致し方ないと考えているのかもしれません。

妻Ｆ：夫の通帳は持っていかれるし、夫のための出金でも、「後見人に言ってきてください」と言われたのです。しかも、夫が持っていたうちの会社の株については、「息子さんが買い取る準備ができれば要求に応じるつもりです」って。何様のつもりかしら。

司法書士：なるほど、通帳など財産は、その後見人になった弁護士に預けられたのですか。

妻Ｆ：夫の通帳とキャッシュカードすべて、自宅の土地・建物、会社に貸している土地や別荘などすべての権利証なども引

40

き渡しました。

司法書士：会社関係のものは、引き渡すように言われませんでしたか。

妻Ｆ：会社に貸し付けたお金の借用書、会社の決算書の写しを渡しました。他に証券会社からの郵便物、保険会社の証券、保険証、マイナンバーカード、年金手帳、いろんな生活費の請求書やクレジットカードまで持っていってしまいました。

司法書士：そうでしょうね。旦那さんに代わって財産の管理や契約などもしないといけないので、そうなりますよね。

妻Ｆ：私たち、これからどうやって生活していけばいいのでしょうか……。

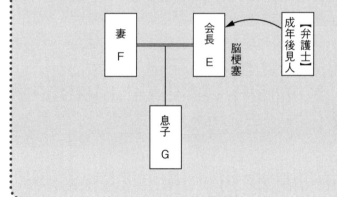

1 第三者が成年後見人に選任された場合

　高齢になった会社のオーナーである会長Ｅが認知症になり、家族が成年後見人になるつもりで裁判所に手続きをしました。しかし、第三者の弁護士が成年後見人として選ばれた事例です。

第2部　経営者の認知症対策　その1　任意後見

　成年後見人は、家庭裁判所が選びます。判断能力が衰えたり失われたりすると、財産の管理をしたり、介護や療養などの契約をしたり、生活の手配が自分ではできません。本人に代わってその役割をするための人を家庭裁判所が選ぶ制度です。

　成年後見人に家族でなく、第三者が選ばれた場合の相談が後を絶ちません。財産が認知症になった本人に集中しているような場合は、家族の生活まで巻き込んで問題になるケースもあります。

2　法定後見は何が問題なのか

　何も対策をせずに認知症になると、後見人は家庭裁判所に選んでもらうしかありません。それを法定後見といいます。（詳しくは第2部第1章1参照　35ページ）

　本人の資産は厳しく管理され、家庭裁判所が本人にとって必要だと認めたお金しか使えません。

　家族でない第三者が後見人に選任されると、本人の生活に関する希望も、本人のしたかったことなども知りません。ですから、判断能力がしっかりしていたころの本人の希望が叶わないことがあるかもしれません。

　今回の事例にも見られるように、高齢の夫名義の財産で自分の生活をしている配偶者は多いものです。そうなると、本人のことを知らない第三者の後見人に、お金の使い方を決められてしまうように感じられることがあります。

　夫婦はお互いを扶養する義務があるので、後見人は妻の生活を束縛しているつもりはないでしょう。しかし、場合によっては、夫婦で作ってきた財産なのに自分の生活が束縛されているとか、夫の入居する施設も思うようにならないと感じてしまうかもしれ

42

ません。

3 資産家の親族は選ばれにくい

　資産家の成年後見人には、家族などの親族が後見人に選ばれる確率は低いのです。本人をよく理解している家族が後見人になれないというのは、大変な問題です。

　認知症になると自分のこともわからないし自分や家族がどのように扱われても構わないと思う資産家はいないでしょう。

　成年後見人が付くと後見人を通して、事実上、財産が裁判所の管理下に置かれることになります。実質的に財産が凍結されてしまうと感じてしまう家族もいるようです。

　このようなことが理由で成年後見の申立てを、避けようとする家族もいるかもしれません。

4 資産が数千万円以上ある人は、任意後見が必要

　今回の事例では、会長Eがまだ自分の意思をはっきりと伝えられるうちに任意後見契約をしておく必要がありました。

　将来の認知症などに備えて、子どもたちや信頼できる人に自分の後見人になってもらって、**自分の代わりに財産や家族の希望する生活を守るように公正証書で準備しておく必要があった**のです。

　任意後見契約を結ぶのは、本人のためでもありますが、多くの場合、本人の家族をはじめ、お世話になっている人や施設、医療関係者などの周囲の人のためでもあるのです。

　例えば、施設のスタッフは認知症になった人の買い物のお金の支払いや施設の費用の変更などについて本人と話をすることがで

きなくなります。病院では、治療を受けても、本人はお金のことがわからないので、支払いに困ってしまいます。

　親が高齢になってきたら、できるかぎり、子どもたちや周囲の人から任意後見契約を勧めるほうがいいでしょう。

　任意後見契約は、判断能力がある間に契約を結んでおく必要があります。

　そのうち、そのうちと言っている間に本人の判断能力が衰えてしまうと任意後見契約はできなくなります。そうなると、財産管理をする後見人は裁判所に選んでもらうしかありません。

5 任意後見契約はどのような人に必要か

　会社のオーナーや奥様も生身の人間です。今は、元気で頭もしっかりしていても、年々、歳を重ねることになります。80歳を超えると2人に1人は認知症になるというデータ[3]もあります。

　任意後見人が、特に必要となる人を挙げておきます。

> ① 相続人がいない人
> ② 一人暮らしの人
> ③ 子どもが複数いるが、そのうちの一人を頼っている人
> ④ 相続人でない人から、面倒をみてもらっている人
> ⑤ 不動産を複数所有し賃貸収入がある人
> ⑥ 会社の取締役などの役員
> ⑦ 個人事業主

3　「日本における認知症の高齢者人口の将来推計に関する研究」（2014年度　総括・分担研究報告書　二宮 利治　より）

⑧ 未上場の自社株式を大きな割合で所有している人

①相続人がいない人（身寄りのない人）

相続人がいない人は、認知症になったとしても、そもそも成年後見を申し立てる人がいない可能性があります。そうすると、お金はあっても医療費や介護費の支払いすらできなくなり、日常生活に困ることがあります。ですから、頼める人がいれば、任意後見を検討するべきです。

成年後見を申し立てる人がいなくて困った事例は第4部第2章参照。（129ページ）

②一人暮らしの人（相続人はいるが、遠方に住んでいたり疎遠になっている）

一人暮らしの人も、認知症になると成年後見の申立てに手間取る可能性があります。そのため①と同じ理由で日常生活に支障が出ることがあります。

③子どもが複数いるが、そのうちの一人を頼っている人

成年後見人は、裁判所が選びますので、いつも頼っている子どもが選ばれるとはかぎりません。今と同じ状況を続けたいのであれば、その子どもと任意後見契約を結ぶべきでしょう。

④相続人でない人から、面倒をみてもらっている人

③と同じ理由です。いつも面倒をみてもらっている人に、今後も面倒をみてもらいたいならその人に、正式に任意後見人になるようお願いしたほうがいいでしょう。

⑤不動産を複数所有し賃貸収入がある人

　成年後見では、裁判所から選ばれた成年後見人が不動産の契約や管理、賃料などすべて管理することになります。また、成年後見人は不動産を売却する権限もあります。

　第三者による管理を防ぎ、不動産を守るためにも、信頼できる子どもなどがいれば、任意後見契約を結んでおくべきです。

⑥会社の取締役などの役員

　株式会社の役員は、成年後見人が付くと、法律上、役員をやめなければなりません。一方、任意後見では、そのような法律の縛りはありません。もちろん、判断能力がなくなれば、役員を続けることはできないでしょうが、徐々に引き継ぎをしていくことで、ソフトランディングが可能になります。

⑦個人事業主

　認知症になると、事業で使っている銀行口座がロックされ、取引先への支払いや、給料の支払いができなくなってしまいます。成年後見人が就任するまで準備期間も含めると数か月かかることが多いので、その間、事業が（後を継ぐ人がいたとしても）ストップすることになります。

　また、銀行口座などの財産が成年後見人（多くの場合、第三者）に管理されることになるので、事業に大きな支障が出ることが予測されます。

　したがって、個人事業主は認知症になっても事業がストップせず、自分の望む人が口座などを管理できるようにするために、任意後見は必須といえるでしょう。

⑧未上場の自社株式を大きな割合で所有している人

　中小企業の経営者が当てはまるでしょう。本書のテーマでもあります。

　株を持ったまま成年後見人が付くと、株の実権（人事権）を成年後見人が握ることになります。ですから、後継者と任意後見契約を結び、オーナーの財産全般と生活面を守ります。加えて自社株には、家族信託を設定することで事業の継続性を図ることができます。

　以上のような人たちが、任意後見の必要な人です。該当する人は、認知症等に対するプランがないまま認知症になり、第三者の成年後見が付くという選択をするわけにはいかないはずです。

　自らプランニングをするためにも、専門家に相談することをお勧めします。

第2部 経営者の認知症対策 その1 任意後見

| 3 | 任意後見の仕組み |

会社オーナーであった父の死亡後、母の面倒をみている妹Ｉの
お金の使い方が心配で、長女Ｈが相談に来ました。

長女Ｈ：運送会社を経営していた父が、一昨年、脳梗塞で突然亡
くなりました。私も妹のＩも嫁いでいますし、タイミング
よく引受先が見つかったので、会社を売りました。母は、
株式を相続したので、その売却代金が入りました。

司法書士：そうですか、そのお母さんについての相談ですね。

長女Ｈ：はい、母は元気で快活だったのですが、昨年末、骨折を
して入院したころから、少し様子がおかしくなってきまし
た。母の退院後の生活について妹と相談した結果、妹が専
業主婦なので母を引きとろうかと言ってくれて、そういう
話で決まったのです。

司法書士：それは、よかったですね。その後、何か問題が起きた
のですか。

長女Ｈ：最近、母の様子を見に行っても、寝ているからと会わせ
てくれなかったり新しい家具やピアノなど、家財が増えて
いるような気がするのです。母のお金を使い込んでいるの
ではないかと心配になってきて……。

司法書士：なるほど、妹さんが、お母さんのお金を自分たちのた
めに使い込んでいたら、いわゆる横領に当たるかもしれま
せんが……。もしそれが事実となれば、どうされるおつも

48

りですか。

長女Ｈ：わかりません。でも、妹には苦労かけているし、ちゃんと母のために使ってくれているなら、それでいいのです。ただ、私もどのようにお金を使っているのか知っておきたいのです。母のこと以外に使っていたり、母の世話を放棄していないかが心配なのです。

司法書士：お母さんが、お金の管理ができなかったり、家族の顔もわからないくらいになっていたら、家庭裁判所に成年後見の申立てという手続きが必要になるでしょう。

長女Ｈ：通帳を見せて説明すれば理解できます。お金のことは、わかると思います。私や孫のことなど、家族のこともわかっています。

司法書士：それなら、任意後見という契約書をお母さんと妹さんとで公証役場で作るようにお話ししてみませんか。任意後見契約とは、お母さんの判断能力がしっかりしている間に、自分が認知症になったときの後見人を今の間に決めておく契約です。妹さんに毎月後見人として報酬を払うこともできます。悪い話ではないと思います。お母さんの財産も明確になりますし、お姉さんにも報告をするようにできますよ。

長女Ｈ：それは、安心ですね。

司法書士：あとは、お母さんが、任意後見の契約をしたいと公証人に伝えることができるかどうかです。それと、あなたが妹さんに契約をしたほうがいいと言えるかですね。妹さんを説得できますか。

長女Ｈ：母は、大丈夫だと思います。妹を説得できるか自信ありませんが、やってみます。

司法書士：詳しい説明は、私からいたしますので、頑張ってください。

第2部　経営者の認知症対策　その1　任意後見

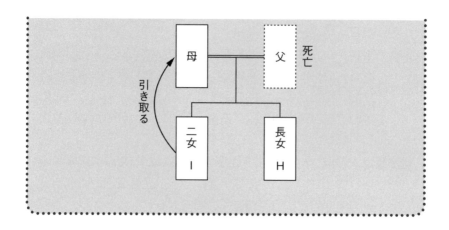

1　お母さんのお金の管理はどのようにすればよいのか

　幸い、お母さんの判断能力は、しっかりしていました。長女Hは、お母さんのことを妹Iに任せきりにしたことを詫びたため、妹Iは、再び長女Hに心を開いてくれました。妹Iは、長女Hが母の介護を自分に任せっきりにしておいて、お金のことばかり言うように感じて長女Hに対して心を閉ざしていたのです。

　その後、公証役場で、妹Iとお母さんとで、任意後見の契約を結びました。長女Hも積極的に介護にかかわり、妹Iを支援するようにしました。

　今回、もし長女Hの相談が半年遅かったら……。妹Iの生活にゆとりがなかったら……。この家族は、二度と顔を合わせられない状態まで深刻化していたかもしれません。

　お母さんは、自分の遺産について遺言書も作成しました。最期のお母さんの願いは、今回の教訓を生かして姉妹が仲良く生きてくれることです。

　このような相談は、よくあるケースです。

今回は、お母さんの判断能力がしっかりしていたこと、長女Hの相談が早かったこと、姉妹間の関係がそこまで悪くなかったことが幸いしました。それに加え配偶者などの外部の人間からの影響がなかったことが救いでした。

任意後見の契約や遺言書の作成は、自分の生活と財産について、最後まで自分自身で責任をとるということでもあります。

2 後見人の選び方

任意後見人は、文字どおり任意で選ぶことができます。**子どもや孫、おいやめいでも構いません。**お願いできる親族がいない人は、**信頼している司法書士や弁護士との契約も可能です。**また、普段の生活、身の回りのことは親族を後見人にしておき、契約ごとや法律のこと、資産の管理などは、司法書士・弁護士・税理士などに任せるというように**複数後見で備えることもできます。**

大切なのは、本人と家族のための環境になるように準備しておくことです。

任意後見人は、本人の人生にとって、とても重要な役割をします。後見人の考え方によって本人の環境も大きく変わりますので、誰を任意後見人にするのかをしっかり自分で考えて決めてください。

3 成年後見との比較

自分の生活やお金のことは、家族や信頼のおける人に行ってほしいと、多くの方が希望されます。成年後見人でも候補者を立てることはできますが、誰を後見人にするのかは家庭裁判所が判断

します。

　2000年に成年後見制度ができたころは、80％くらいの親族が成年後見人に選ばれていました。しかし、昨今、親族の後見人による使い込みが多発しています。その結果、家庭裁判所が監督責任を問われることもあり、現在では親族が成年後見人に選ばれる割合は、23％程度まで下がっています[4]。

　親族以外の人が成年後見人に選ばれると、今まで一緒に生活してきた家族の大事な財産がほとんど持っていかれて管理されてしまう。さらに第三者の行う支援内容も納得いかないと憤っている家族もいます。

4　成年後見の制度は不要なのか

　ここまで読まれると成年後見制度は、悪の根源のように感じてしまうでしょう。

　成年後見人が必要になるときは、主に預貯金の解約や不動産の売却、介護福祉施設への入居手続き、遺産を相続するための話し合いなどのタイミングです。他にも、訪問詐欺や横領、親族間の揉めごとが起こっているときには、成年後見人がしっかりと本人を守ってくれます。

　このように**判断能力がなくなってしまった人を守るために必要な制度**なのです。成年後見制度が悪いのではなく、判断能力が欠けるまで何の準備もしなかったことが悪いのです。

───────────────────

4　https://www.mhlw.go.jp/content/12000000/000489331.pdf
　「成年後見関係事件の概況―平成30年1月～12月―」（最高裁判所事務総局家庭局）

3 任意後見の仕組み

5 任意後見と成年後見はどちらが優先か

任意後見と成年後見はどちらが優先するのか。

答えは、**任意後見が優先する**、です。そのため、家族を「確実」に後見人にしたい場合、任意後見の契約をしておく以外の方法はありません。

第三者の成年後見人が選任されないためにも任意後見契約が必要です。

任意後見であれば、成年後見と比較して、自分の希望した生活が守られるのと希望に沿った財産管理をしてもらえます。

6 任意後見と一緒に考えておく制度

①見守り契約

子どものいない人は、任意後見制度を補うために「見守り契約」という制度が必要です。本人の判断能力がしっかりしている間に定期的に連絡を取り合い、人間関係をつくっていく制度です。

元気なうちから本人と接することで、契約の受任者は、契約した内容を一つ一つ理解し、より本人のための後見を行うことができます。

本人からは、自分が認知症になってもこの人に任せていいのだろうかという目線で、受任者をよく観察するための期間でもあります。

②財産管理の委任契約について

判断能力はしっかりしているけれど、病気や高齢が理由で銀行

53

などに自分で行くことができない人のために、財産管理などの委任契約をすることがあります。

「財産管理契約」ともいいます。

この財産管理契約は、本人の判断能力がある間の財産管理です。緩やかに訪れる認知症や身体の変化にも対応しながら行います。

家族でない第三者が任意後見の受任者になるときに多い契約です。本人の判断能力がしっかりしているうちから、直接本人と接して支援をすることほど、本人を理解できる方法はありません。そのため、親族が後見人でないかぎりは、できるだけ財産管理契約を結ぶことをお勧めします。

その後、本人の判断能力がなくなると、任意後見契約が発効し財産管理契約は終了します。監督人が選ばれると任意後見契約書の内容に沿って、任意後見人として財産管理をすることになります。

③ライフプラン（生活設計）について

任意後見契約書に入れ込めるほど現時点で確定していないけれど、今後の人生の希望やできれば続けていきたいことなどを書面にしておくものです。

言い換えれば、任意後見契約書の内容を、どのようにして実現するのかの指針です。「ライフプラン」には、いつ、どのように、何を行うのかをできるだけ具体的に書いておきます。

④亡くなった直後の様々な手続きについて──死後事務委任契約

後見人は、本人が死亡した時点で、後見人として対応すること

3 任意後見の仕組み

■2-3 ライフプラン（生活設計）の例

<本人の生活に関すること>
・月1回は家族とそろって外食をしたり映画鑑賞などに行きたい。
・毎月遠方にいる子どもたちに、自分の体調や財産の報告をしてほしい。
・認知症になっても年に1度は、旅行に行けるように段取りしてほしい。
・高齢者向け施設は、家族が通いやすい場所にしてほしい。できれば周囲に自然があって散歩ができるような環境のところにしてほしい。
など、人それぞれの生活の習慣や好みを重視して作成。

<財産管理について>
・生活費として、毎月○○円を、同居している長男に渡してほしい。
・一人で生活ができなくなったら、皆に迷惑をかけないように高齢者向けの施設に入居したい。その後、自宅は売却してほしい。売買価格は長男に任せる。
・施設を決めるときは、私の生涯経費を計算して困らない程度で、子どもと相談してほしい。
など

はできなくなります。家族が後見人であったときは、相続人として対応することになるでしょう。

　しかし、第三者が後見人であったときは、相続人ではありません。だからといって、昨日まで後見人だった人に、「今日から関係ありません」と言われると困ってしまいます。

55

第2部　経営者の認知症対策　その1　任意後見

　そのため、子どもがいない人などは、任意後見と同時に、亡くなった後の葬儀や各種手続きなどをお願いする契約をしておくことが大切です。

　このような契約を、「**死後事務委任契約**」といいます。短くして「**死後事務**」ともいいます。本人が死亡すると、任意後見契約が終了して死後事務がスタートします。

■2-4　本人が亡くなった直後に行う事務

---

①葬儀会社への連絡（遺体の引取り）
②お寺への連絡／親族、知人への連絡／通夜式・葬儀の準備
③納骨の段取り／お墓の準備・永代供養の段取り
④各費用の支払／未払いの施設費や医療費の支払い／施設等の退去手続き
など

　亡くなったときに、家族や周囲の人に迷惑をかけたくないと、生前に自分で戒名を貰っておいたり、お墓の準備をしている人がいます。しかし、誰が納骨してくれるのかとふと気が付いて、死後事務の相談に来られる人も多くいます。

7 任意後見契約と遺言書

　遺言書は、自分の財産を「誰に、どれくらい、どのように渡すのか」という気持ちに法的な効力をもたせた最期のメッセージです。任意後見契約で、生前のお金の使い方を決めて、亡くなってからはお金を誰にどう渡すのかを遺言書で決めておくのです。

　そのため、任意後見契約と遺言書は同じタイミングで作成する

ことが多いのです。

　できることなら、任意後見人が遺言の内容を伝える執行者に就任することで、より正確に本人（遺言者）の意思を残された人へ伝えることができます。

　しかし、**親族が任意後見人の場合は、遺言執行者を第三者にお願いしておいたほうがいいでしょう。**

　なぜなら他の相続人から知らされていない財産があるのではないかとの不満が出て揉めることもあるためです。

　このような理由で、遺言執行者は、なるべく親族以外の第三者にすることをお勧めします。

コラム2　誰が納骨してくれるの？

　最近、樹木葬や散骨など、死後についての考え方が多様化していて、今までのようなお墓への納骨を望まない人もいるようです。石材店の話では、樹木葬のための墓地は、実際に良く売れていると言います。

　樹木葬の墓地を購入するのは、女性が多いとのことです。

　購入の理由は、子どもがいないので、大きなお墓を作っても墓守りをしてくれる人がいないからとか。結婚しているけど夫と同じお墓に入るのは絶対に嫌だから、などという理由もあるそうです。

　石材店は、売れるのはありがたいが「誰が納骨してくれるのだろうか」と心配になるそうです。

　家族内で考え方が違う場合には、死後事務委任契約で御自身の意思を残しておく必要があります。

第2部　経営者の認知症対策　その1　任意後見

4　任意後見人の役割

現社長である息子Kと会長の父親Jとで任意後見契約を結んでいたものをスタートして発効させてほしいとのことです。司法書士と社長Kが話をしています。

社長K：先生、以前契約した任意後見をスタートする時期が来たように思います。

司法書士：会長が入院されたことは聞きましたが、もう退院されたのですか。

社長K：はい、父は退院しましたが家に帰ることができず、そのまま施設に入りました。

司法書士：そうですか、会長の判断能力はどのような状態でしょうか。

社長K：話をするのもおっくうだという感じです。精神的にも弱っています。何を聞いても、「お前に任す」と……。自分で考えることができなくなっているように感じます。

司法書士：わかりました。裁判所に任意後見監督人を選んでもらいます。監督人が選ばれたら社長が後見人として、任意後見がスタートできるようになります。

社長K：私は、いつ後見人になれるのですか。

司法書士：申立てをするのに医師の診断書が必要です。会長の現在の財産を一覧表にして提出します。その上で、裁判所の人が会長の意思確認に来ます。

社長K：裁判所が、施設まで来るのですか。
司法書士：はい、裁判所が任意後見の発効が必要だと判断したら、そこから監督人の候補者に打診します。その候補者から、承諾を得る時間も必要です。
社長K：思ったより、時間がかかりそうですね。
司法書士：そうですね。1週間や2週間という期間では、とても無理ですね。
社長K：そうなんですか。

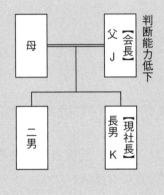

1 任意後見は、いつスタートするのか

　任意後見がスタートするのは、家庭裁判所から任意後見監督人が選ばれたときからです。監督人の選任申立ては、本人の判断能力が不十分な状況になったときにできます。判断能力が衰えているので、本人に代わって監督人が報告を受ける体制ができてからスタートします。

■ 2-5 任意後見の流れ

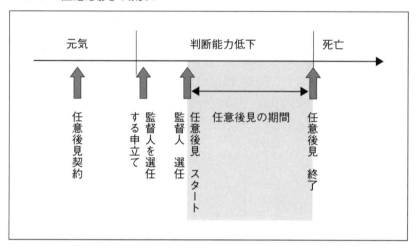

2 任意後見の発効の申立ては誰がするのか

　申立てのできる人は、**本人、配偶者、四親等内の親族または任意後見受任者（任意後見になる人）** です。

　本人からも申立手続きができます。本人以外が申立てをする場合は、**本人の同意が必要**です。

　しかし、本人がすでに意思を表示できないときもあるでしょう。そのようなときは、本人の同意は不要です。

　加えて**任意後見の受任者から申立てができることが大きなポイント**です。

　成年後見・保佐・補助では、市区町村長や検察官は申立てをすることができます。

　しかし、任意後見では、市区町村長や検察官は申し立てることができないという違いがあります。

4 任意後見人の役割

3 四親等内の親族がいない人は、成年後見の申立て さえできない

成年後見の場合は、四親等内の親族（いとこなど）がいないときは、市区町村長や検察官が申立てをしなければなりません。そうなると、市区町村長が積極的に、成年後見の申立てをしてくれないと成年後見人の選任の申立てがされないことになってしまいます。

一親等とは親や子ども、二親等とは兄弟姉妹、三親等とはおじ、おば、おい、めい、四親等とはいとこですね。

そのため、**四親等内の親族がいない、いわゆる身寄りのない人、あるいは、おひとり様といわれる人は、任意後見契約をしておかないと、後見制度自体を利用しづらくなります。**

任意後見契約をしておくと、自分の信頼している受任者（後見人のなり手）が手続きをすることで、任意後見を発効させることができます。

この点が、成年後見と任意後見の大きな違いです。

4 任意後見契約では、医師が時間をかけて鑑定しな くてよい

成年後見でも、任意後見でも本人の判断能力が不十分であることを確認するためには、医師の診断書を提出することになっています。さらに、成年後見の場合は、医師の鑑定が原則必要です。

鑑定とは、申立書に添付した診断書以外に、2〜3週間かけて、医師にしっかり判断してもらう手続きです。

しかし、**任意後見の場合は、状況にもよりますが鑑定は必要な**

61

第2部 経営者の認知症対策 その1 任意後見

いというのが原則です。そのため、**鑑定のための費用の節約と期間の短縮**が、任意後見契約をすることのメリットの一つです。

5 任意後見監督人の役割

　任意後見監督人の主な役割は、任意後見人の監督をすることです。

　家庭裁判所は、監督人を付けることで間接的に任意後見人をチェックする仕組みになっています。

　監督人が、任意後見の業務をチェックしていることで、「任意後見人は適切にその事務を行っているだろう」という親族など周囲の人の安心感につながっているのです。

　成年後見は、家庭裁判所が後見人を直接チェックし、任意後見は、監督人を通して間接的にチェックするという違いがあります。

6 子どもが任意後見人でも監督人は必要か

　親族が任意後見人になるときは、監督人は不要ではないかという考え方もあります。

　しかし、監督人が選任されるという仕組みは、親族が後見人のときでも変わりません。

　例えば、子どものうちの一人が任意後見人になっている場合に、監督人がしっかり見てくれていると思うと他の兄弟は安心ですよね。

　監督人の存在が、周囲の関係者の安心感を高め、結果として任

4　任意後見人の役割

意後見人が信頼されやすくなっているのです。

7　監督人は何をするのか

　任意後見監督人の具体的な仕事は、まず就任した直後に任意後見人と面談をします。任意後見人としてどのような事務を行うべきかという説明、「自分の財産以上に気を付けて管理をしてください」という『善良な管理者としての注意義務』があることの説明をします。

　任意後見人が親族の場合は、特に、注意が必要なことがあります。それは、本人の財産と任意後見人の財産をきちっと分けて管理するように指導をすることです。

　任意後見契約では、監督人への報告期間が決まっています。通常は数か月から１年に１回です。その期間にあわせて監督人へどのような後見業務をしたかという報告に加え、預貯金残高と収支も報告します。また、その内容がわかるように通帳のコピーなども提出します。

　ただし、**監督人は、決まった期間の報告だけでなく、いつでも報告を求めることができます。**また、事務の状況や本人の財産の状況を、直接調査することもできます。このようなときには任意後見人に対して強い態度で接する場合もあります。

8　監督人を自分で選べるか

　実際の実務を行う際に、任意後見に関する相談で、「監督人を自分で選べますか」というものがあります。

　監督人は、任意後見人に強い態度で臨まなければならないこと

第2部　経営者の認知症対策　その1　任意後見

がある以上、**相談者側から選ぶことはできません。**家庭裁判所は、任意後見人と利害関係のない第三者（多くは弁護士や司法書士など）を選任します。

　このように、任意後見は、元気なうちに契約しておきます。本人が元気なうちは、何も変わらないですが、本人の判断能力が低下したら、監督人を付ける申立てを家庭裁判所にします。そうすると、任意後見がスタートして、後見人が本人の代わりにお金の出し入れや行政の手続きなどの事務手続きを行うことができるようになります。そして後見の事務手続きは、裁判所に選任される監督人のもとで行うことになります。

　任意後見では、後見人を自分で選ぶことはできますが、監督人は選ぶことはできません。後見人と監督人は相反する関係にあるため、家庭裁判所は第三者を選ぶ傾向にあるのです。

5	# 監督人が選ばれた後はどうなるか
	──任意後見監督人の権限と家庭裁判所

前章の事例の続きです。

任意後見人である2代目社長Kと任意後見監督人が、面談しています。

監督人：社長、財産目録から自宅の不動産がなくなっていますが……。

任意後見人K：はい、売却して現金に変えました。そのお金は、父の口座に入金されているので問題ないはずです。

監督人：この売買契約書をみると、買主とお父さんであるJさんの苗字が同じですね。Jさんの身内の方ですか。

任意後見人K：はあ、それは、私の息子です。父からすると孫にあたります。本人も、元気なころは、「自宅は、孫にやる」と言っていました。でも、認知症になってしまったので、贈与というわけにもいかず、売買にしてお金も払いました。

監督人：そうですか……。事前に相談をいただきたかったのですが。

任意後見人K：なぜですか？ 成年後見ではないので、裁判所の許可は不要ですよね？ 監督人さんの同意も不要のはずですが……。

監督人：しかし、「売買代金が妥当ではない」などと、後日言われると社長も困るのではないですか。売買価格が不当に安いと判断された場合は、不当利得の問題などが生じます。

任意後見人K：「フトウ・リトク」とは何ですか。

監督人：率直に言いますと、任意後見人である社長が安い値段で、お父さんの不動産を売ったのではないか。お孫さんからすると不動産を安く手に入れることで、得をしたのではないかということです。

任意後見人K：では、任意後見人である私と、買主が合意した額が、何かおかしいとでも言うのですか。

監督人：即答はできませんが、もし通常より安い額だと判断されると、お父さんの財産を守るべき立場としては、間違ったことをしたことになります。そうなると、任意後見人である社長に対して、「お金を返せ」という不当利得の返還請求などがあり得ます。

任意後見人K：父から任されて任意後見人になっているのに、何を馬鹿な。金額も不当とは思っていません。

監督人：困りましたね。裁判所と相談して後日連絡させてもらいます。場合によっては、社長を任意後見人から解任することになります。そうなると、社長以外の人が、成年後見人として別に選任されるかもしれません。

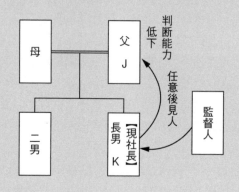

5　監督人が選ばれた後はどうなるか

1　任意後見人と監督人

　任意後見監督人の主な職務は、任意後見人の仕事をチェックすることです。

　そこで、任意後見人が本人にとってよくないことをしていると思われることがある場合にどうするのか、という問題があります。

　まず、本人に損害が発生している場合には、任意後見人に対して、お金を返してもらうとか、処分したものを戻してもらうようにします。そのうえで、経緯などを調べて、任意後見人を解任することが必要かなどの判断をすることになります。

　しかし、任意後見人が損害を返還してくれないこともあるでしょう。その場合は、監督人は、任意後見人に対して**「不当利得の返還」を請求**します。

　要は、使ったお金を返せとか、処分したものを返せという訴訟を任意後見人に対して起こすことになります。**場合によっては、刑事告訴・告発を行うこともあり得ます。**

2　任意後見監督人の報酬

　任意後見監督人の報酬は、家庭裁判の審判で決まります。裁判所が本人の財産の中から、監督人に報酬として、「いくら支払いなさい」と書面で言ってくるのです。

　月額で、1～2万円が多いと思われます。これを本人の財産の中から1年分まとめて払うことになります。この費用がかかり始めるのは、監督人が家庭裁判所から選ばれてからです。

第2部　経営者の認知症対策　その1　任意後見

3 任意後見から成年後見へ

　任意後見の監督人は、任意後見人が任務に適していないと判断したときは、**家庭裁判所に任意後見人の解任を請求することができます**。また、監督人は本人のために「特に必要がある」と判断したときは、成年後見の申立てを行うことができます。その結果、成年後見が開始することになった場合は、任意後見契約は終了することになります。

　本人の「自己決定権の尊重」のために任意後見契約を結んでいるのですから、本来は、任意後見契約は最大限に尊重されるべきはずです。そうだとしても、場合によっては、本人の損害を回復するため、あるいは、損害の拡大を防ぐために成年後見の開始が有効なケースもあり得るということです。

　そのため監督人は、任意後見人が、適切な仕事をしていないと判断した場合は、家庭裁判所と相談しながら対応を考えることになります。

4 他にはどんな業務をするのか

　監督人は任意後見人が、急な病気などで業務ができなくなったときに、任意後見人に代わって必要な仕事をすることもあります。

　簡単に言うと、任意後見人の代理です。

　他にも任意後見人が病気などで長期に不在となるときや、任意後見人が死亡した場合に、成年後見人に移行するまでの間、任意後見人に代わって業務を行います。

5 本当に本人の利益になっているのかを判断する

　監督人のもう一つの仕事として任意後見人と本人の「利益が相反すること」について**本人に代わって判断する**ことがあります。

　例えば、判断能力がなくなった本人が所有するアパートに任意後見人が住む場合です。このとき任意後見人は、本人の代わりの貸主としての立場と、借主としての立場が同時に存在することになります。このようなことを「利益相反」といいます。監督人が任意後見人に代わって判断しないといけない理由は、任意後見人が自分のために、本人にとって不利なことをするかもしれないからです。

　先ほどの事例で、監督人が任意後見人に対して、なぜ事前に相談してくれないのかと迫ってきたときに「なぜですか？　成年後見ではないので、裁判所の許可は不要ですよね？　監督人さんの同意も不要のはずですが……。」と返事しているシーンがありました。

　任意後見人が本人の居住用財産を処分する場合は、法的には、家庭裁判所の許可は、不要です。

　これは、成年後見との大きな違いです。

　しかし、許可は不要とはいえ、**本人にとって不利益となるようなことは、任意後見人は原則としてできません。**

　他にも委任する内容を書き出した「**代理権目録**」に具体的に記載していないこともできません。

　記載されていても、監督人が理解できないことや判断に苦しむことが起こると、任意後見人と監督人の意見が一致しないことも考えられます。

第2部　経営者の認知症対策　その1　任意後見

6 民事信託が必要な場面

　本人の処分の意思表示を具体的、かつ明確に代理権目録（任意後見人に委任する内容）に書き込むことができないときは、監督人の判断がネックになり、任意後見人が思うような財産の処分や管理ができないこともあるでしょう。

　例えば、数年先に大規模な修繕が必要になりそうな古い賃貸マンションを数棟持っているオーナーが認知症になり、任意後見が発効している場合。大規模修繕が必要なとき、どの程度の規模で、費用はいくらかけるのか、監督人と任意後見人の意見は簡単に一致しないでしょう。

　他にも、貸土地がいくつもあり、借地契約の更新のタイミングで、借地人に明け渡しを求めるのか、地主として建物（借地権）を買い取るのか、借地人さんに底地を売り渡すのか、いろいろな選択肢があります。このようなときに、任意後見人の判断を常に監督人に認めてもらうことができるのか、はなはだ疑問です。

　このような財産があるときは、**家族信託が有効**です。家族信託は、管理や処分をお願いした財産を、柔軟に管理・処分することができるからです。

　この後は家族信託について説明します。

第３部

経営者の認知症対策
その２　家族信託
～守りだけでなく攻めも可能な
攻撃の要～

近年、マスコミでも注目を集める家族信託。

「認知症」「成年後見」などのキーワードとともに検索されることが多くなっています。筆者への相談も、これまでは不動産や預金についてが多かったのですが、最近は、自社株信託についても急増しています。

自社株信託をすることのメリットは何か、自社株信託をしないことでどんなリスクがあるのかを明らかにしていきます。

第３部　経営者の認知症対策　その２　家族信託

1　家族信託とは

　社長のＬ（70歳）と、後継者で専務のＭ（45歳）が、社長室
で話をしています。

社長Ｌ：おい、そういえば、取引先のＮ社長。最近、倒れたら
　　　　　しいぞ。

専務Ｍ：えっ！？　大丈夫だったの？

社長Ｌ：命に別状はないらしいが、今はまだ意識が回復していな
　　　　　いそうだ。意識が回復しても半年は入院生活が続くみたい
　　　　　だぞ。その後のリハビリもあるから、仕事に復帰できるま
　　　　　でにあと１年はかかりそうだって聞いたぞ。

専務Ｍ：それは大変だね。

社長Ｌ：Ｎ社長は去年から受注が伸びていて大喜びしていたが
　　　　　な。最近は、納期に間に合わせようとかなり無理を重ねて
　　　　　いたらしい。あの人は、社交的な性格でお酒も好きだった
　　　　　からな。取引先との懇親会にも積極的だったよ。

専務Ｍ：そうすると、今は息子さんが社長になったの？

社長Ｌ：それが、そうでもなさそうなんだ。新規の受注もストッ
　　　　　プしているそうだ。

専務Ｍ：え？　それはなぜ？

社長Ｌ：新しい社長を決められないんだ。会社の株をＮ社長一
　　　　　人で全株持っていて、その本人の意識が戻らないから、息
　　　　　子を正式に社長に選べないらしい。

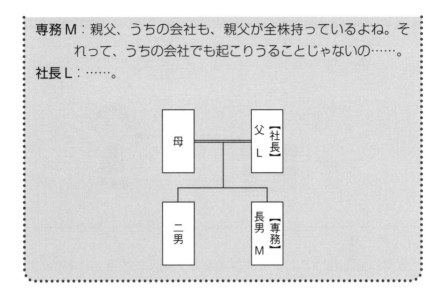

専務M：親父、うちの会社も、親父が全株持っているよね。それって、うちの会社でも起こりうることじゃないの……。
社長L：……。

1 家族信託は財産を管理する新しい仕組み

　家族信託は、財産を管理する新しい仕組みです。
　財産の譲渡方法の一種で、信託という形で譲渡を受けた人が財産を管理します。信じて託すことですので、**基本的に、譲渡後は、財産の管理や処分を自分では行わず、託した相手の判断に任せることになります。**
　また、自分の次に誰が財産を引き継ぐかも決めることができます。
　家族信託は、信託という名前が付きますが、投資信託とはまったく関係ありません。信託銀行に依頼する必要もありません。**個人間で行う信託**です。2007年の規制緩和でできるようになりました。
　詳しい仕組みは、次の章（79ページ）でご説明します。

■ 3-1　家族信託とは

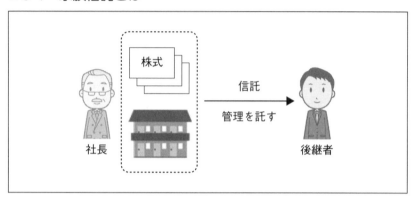

　近年は認知症のことがマスコミなどで盛んに報道されるようになりました。高齢になると認知症リスクが高まります。そこに社会的なコンプライアンス重視の姿勢が加わり、判断能力がない人の財産が、家族といえども動かすことが許されなくなってきました。

　しかし、会社の株や事業用の不動産など、会社にとって大事な財産を事前に信託しておけば、信託を受けた人が動かすことができるようになります。

　家族信託とはこのように、**自分で財産を動かすことができなくなっても安心できるようにしておく仕組み**です。

2　財産の承継を「点」でなく「線」で結ぶ

　最近は、事業承継の意識が高まり、遺言を作っている人が多いと思います。事業承継において、遺言を作っておくことはとても大切です。作っているのであれば、それは素晴らしいことです。

　しかし、遺言も弱点があります。それは、亡くなってからでな

いと効力が発生しないことです。本書で一貫して取り上げている
テーマ、「認知症」になっている期間は役に立たないのです。

　また、事業承継において、亡くなるといきなり効力が発生する
ことも、遺言の弱点でしょう。

　亡くなるまでは事業用資産も株も先代が保持して、先代が亡く
なるといきなり事業用資産や株を後継者が引き継ぐことになりま
す。事業用の資産や株を引き継いだときには、先代はもういない
のです。

　つまり、一緒に相談しながら、ということができません。これ
も遺言の弱点といえるでしょう。

　後継者としては、社長と一緒に経営判断していきながら、少し
ずつ権限移譲を受けて基盤を固めていき、ソフトランディングし
たいと思っているのではないでしょうか。特に会社の経営に関わ
る財産の承継は、受け継ぐ側のことも考えながら進めると、より
よいものになります。

　そこで、家族信託が解決策の一つになります。先程の社長Ｌ
を例に考えてみましょう。社長Ｌが持っている会社の株を後継
者である長男に信託します。

　株には、

---

　①株主総会に出席して議決権を行使したり、会社に対して何
　　かを求めたりするといった、会社の経営に参加する権利
　②売却して代金を得たり、会社から配当を受けたりすると
　　いった、利益を受ける権利

の二つがあります。

　家族信託をすれば、①の会社の経営に参加する権利だけは、後

継者に渡すことができるのです。②の利益を受ける権利は、引き続き社長が持ち続けることができます。

これにより、信託契約後は、株主総会の議決権（例えば人事権）を、後継者が行使することになります。一方で配当は社長がもらうことになります。

信託により、経営に参加する権利は後継者が持ちますが、このとき社長はまだ元気です。つまり、**社長と後継者が二人三脚で会社を経営できます。**

まさに、「点」ではなく「線」で会社の経営をバトンタッチできます。

■3-2　社長と後継者が二人三脚で会社を経営

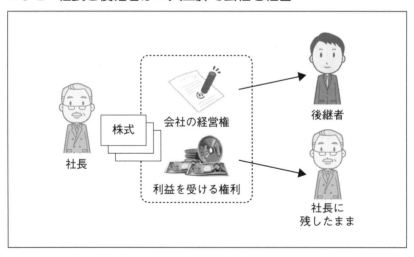

一方、遺言で株を後継者に移した場合はどうでしょう。通常、相続は、ある日突然やってきます。ある日突然、後継者が議決権のすべてを相続して、社長と同じように、会社を切り盛りできるでしょうか。

3 経営者が一番つらいことは、決断を一人ですること

社長としてつらいことは何でしょうか？

それは**常に孤独である**ということだと思います。

どんなに大きな決断でも最後は一人でしなければいけません。そしてその決断に社員についてきてもらわなければなりません。

社長は、自分に何かあっても、後継者が決断をし、幹部社員が会社や後継者を引き続きしっかり支えてくれると考えているかもしれません。しかし、幹部社員は、これまで幾多の修羅場を一緒にくぐり抜けてきた社長だからこそ、安心してついてきてくれているのではないでしょうか。後継者が経験を積むことなく、ある日突然会社を引き継いでしまったら、後継者は会社の命運を左右するような決断をし、社員はそれについてきてくれるでしょうか。

相続により効力が生じる遺言は、財産を「点」で承継させることしかできません。会社の株など、会社の経営に直結する財産の承継は、「点」の承継ではうまくいかないこともあります。

■3-3 遺言は「点」の承継、信託は「線」の承継

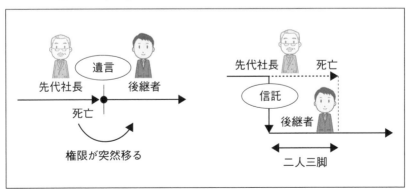

第３部　経営者の認知症対策　その２　家族信託

　これに対して、家族信託は、会社の財産を「線」で承継させることができます。社長Ｌが持っている会社の株を後継者であるＭに信託した場合、議決権を行使する権限が後継者Ｍに移ります。社長Ｌは、まだまだ元気ですので、後継者Ｍに議決権を行使させながらも、自らは社長として引き続き、会社を指揮することができます。つまり、会社の決断をサポートできます。

　このようにして、**社長Ｌは、その都度、後継者Ｍの経営判断をサポートしながら、二人三脚で会社を経営していくことができます。**そして、後継者Ｍが一人前になって、社長Ｌと同じように経営判断できるようになったら、完全に任せて引退することができます。この頃になれば、幹部社員も、社長Ｌと同じように、後継者Ｍをしっかり支えてくれることでしょう。

　経営者は、遺言書で、会社の株を後継者に相続させると記載しておられる方も多いです。相続まで社長が会社の株を持ち続ける原因の一つに、**贈与税**があると思います。会社の株は評価額が高いので、贈与すると贈与税の負担が大きくなってしまうからです。しかし、後述しますが、**信託なら贈与税の問題も解決できます。**

　遺言は、「点」の承継です。一方で、家族信託なら「線」の承継が可能になります。

　次章からは、いよいよ具体的に家族信託の仕組みを説明していきたいと思います。

2 家族信託の登場人物と仕組み

　社長Ｌは、日頃から会社の登記を依頼している司法書士Ｘの事務所を訪問しています。

社長Ｌ：Ｘ先生、お久しぶりです。私もそろそろ、次の世代を考える年齢なので遺言書を作成したいと思います。お手伝いいただけますか？

司法書士Ｘ：Ｌ社長、ご無沙汰しております。もちろん、お引き受けさせていただきますよ。ご決断おめでとうございます。

社長Ｌ：いや、それがね。そんなにおめでたいことばかりでもなくてね。

司法書士Ｘ：何かご心配なことがおありですか？

社長Ｌ：遺言書は作成するつもりだし、およその内容も決めています。でも、脳梗塞など判断能力を失ったらどうすればよいのかと悩んでいましてね。知り合いの社長がまさに脳梗塞で意識が戻らなくて、後継者がとても困っているんですよ。もし私もそうなったら会社が困っちゃうし、私は高血圧だから、心配になってね……。

司法書士Ｘ：なるほど、よいところに気づかれましたね。おっしゃるとおり、遺言書は、脳梗塞などで判断能力を失ってから死亡するまでの期間の対策には無力です。遺言書は、死亡後に効力が生じるものですからね。社長が、遺言書を作成した後に判断能力を失った場合、家庭裁判所で成年後

79

見人を選任することになります。

社長L：やはりそうでしたか。成年後見人の仕組みや現状については、まわりからもいろいろと聞いています。もし、私が、脳梗塞などで倒れて、判断能力を失ってしまった場合に備えて、家族や会社を守るために、今、できることはありませんか？

司法書士X：ありますよ。社長は、「家族信託」や「任意後見」というものをお聞きになられたことはありますか？

社長L：はい。ちょうど来週、友人の社長のPくんと一緒に「家族信託」についてのセミナーを聞きに行きますよ。

司法書士X：「家族信託」の使い方の一つとして、「自社株信託」があります。会社の株式を承継させる仕組みです。「家族信託」は、財産の管理や承継のための新しい仕組みで、まだまだ提案できる専門家が少ないです。

社長L：先生は、遺言と家族信託を一緒に相談を引き受けていただけますか？

司法書士X：はい。ただし、私は、家族信託について説明はできますが、組成は経験不足です。そこで、家族信託が必要な場合は、私がお世話になっている家族信託のプロの先生にも一緒に入ってもらって、遺言内容とリンクさせながら組成します。家族信託は、司法書士だけでなく、税理士など他士業や、保険のプロの方などと一緒に組成する場合も多いです。事案に応じて、ご紹介できるネットワークがありますので、ご安心ください。

社長L：それは頼もしいですね。ぜひ、よろしくお願いします。

司法書士X：承知しました。では、まず、「家族信託」の登場人物や仕組みから、簡単に説明していきましょう。

社長L：（経営者に利用しやすい仕組みだったら、子どものいないPくんにもぜひ教えてあげたいな。）

2 家族信託の登場人物と仕組み

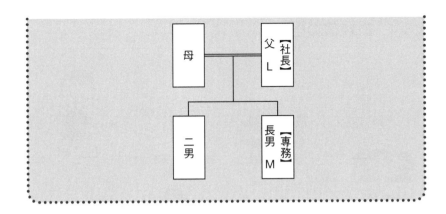

1 家族信託の登場人物とその役割

　家族信託は、登場人物が３者います。**委託者、受託者、受益者**です。

　委託者は、財産の所有者で、信託契約で財産を託す人です。財産の管理や処分をお願いする人です。

　受託者は、信託契約で財産を託される人です。委託者からお願いされた財産の管理や処分などを行います。

　受益者は、信託財産から利益を受ける人です。利益を受ける権利を**受益権**と呼び、アパートの家賃をもらう権利、自宅に住む権利、金銭の給付を受ける権利をいいます。信託契約の当事者ではありません。契約書の内容を理解できなくても構いません。

　家族信託での登場人物とそれぞれの関係を表現すると、次ページの図のようになります。

> 「私」は、「この財産」を、「あの人」のために、「あなた」に託します。

■3-4 家族信託の仕組み

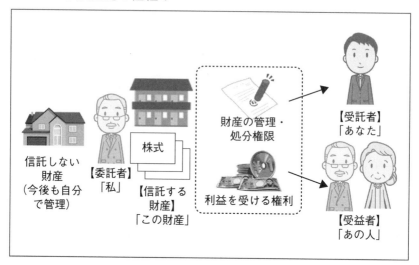

　財産を託す委託者が社長。財産を託される受託者が後継者。信託により利益を受ける受益者が社長です。

　登場人物は３者ですが、実際は、委託者と受益者が同じ人であることが多いです。

　これは、**税金が理由**です。

　信託設定時に委託者と受益者が違う場合、**贈与税が課税**されます。委託者が、財産を受益者に贈与したことになるのです。委託者と受益者が同じ場合は、贈与税の課税はありません。委託者自身が受益者なので、委託者は、財産を誰かに贈与したことにならないからです。

　図では、受益者に社長の妻も含めていますが、この場合、贈与税の問題が出てきます。

　そこで、一般的には、委託者と受益者を同じにして、信託契約を作成します。

2　家族信託の登場人物と仕組み

　したがって、実務では、委託者兼受益者となる人と、受託者となる人の2人が信託契約をすることになります。

2　家族信託の仕組み

　では、前ページの図に沿って、それぞれの登場人物が、どのような役割を持つかを説明します。

　「私」が委託者、「あの人」が受益者、「あなた」が受託者で、「この財産」が信託する財産です。委託者と受益者は、一人二役ですので、「私」と「あの人」は同じ人です。

　まず、委託者である「私」について、見ていきましょう。

　「私」は、自己が所有する財産の中から、管理や処分などをお願いするものを決めます。信託する「この財産」については、金銭的価値でプラスに評価できるものであれば、特に制限はありません。**金銭、不動産、有価証券などが代表例です。「プラスに評価できるもの」ですので、負債は含まれません。**負債は、マイナスの財産だからです。

　また、家族信託で、委託者が受託者にお願いする内容については、信託の目的によって違います。一般的には、**財産の管理、保全、処分を託す**ことが多いです。

　しかし、例えば、先祖代々の土地を、将来にわたって子孫に守り継いでほしいという願いがある場合、管理と保全だけを託して、処分（売却や贈与など）は許さないということもあるでしょう。この場合、受託者である「あなた」は、処分する権限は託されていませんので、信託財産を処分することはできません。

　次に、受託者である「あなた」について、見ていきましょう。

　「あなた」は、信託で定められた目的にしたがって、「私」から

83

第３部　経営者の認知症対策　その２　家族信託

お願いされた財産の処分や管理をします。管理、保全、処分とすべての権限を託されることが多いです。しかし、先程のように、信託の目的や内容によっては、受託者による処分が許されないこともあります。

「あなた」は、財産を託されたのであって、もらったのではありません。財産について、管理の責任や契約する立場など、「ハンコ」の責任だけが、「私」から「あなた」に移動したと思ってください。受託者の責任は重大です。委託者から託される権限も大きいので、家族など深い信頼関係のある方が受託者になります。

そして、受益者となる「あの人」です。受益者は、信託財産から利益を得る人になります。信託された不動産を貸す場合、賃貸借契約をするのは、受託者である「あなた」ですが、得られる賃料は、受益者である「あの人」のものです。信託された不動産を売る場合、売買契約をするのは「あなた」ですが、売却代金は「あの人」のものです。

実務では、委託者と受益者は、最初は同じ人であることが多いので、ざっくり言ってしまえば、契約などの手続きの部分だけを受託者に任せて、自分は、引き続き賃料をもらい続けるといったところでしょうか。つまり、権利はそのまま持ち続けながら、「ハンコ」は代わりに押してもらうのです。

信託を設定する際の目的は、**委託者が託す財産の取扱いや将来にわたっての引き継がせ方を定めたルールです**。会社でいうところの社訓といったところでしょうか。受託者は、この目的に沿った行動をしなければなりません。目的に反する行為はもちろん、目的にふさわしくない行為もしてはいけません。

■3-5 委託者と受益者は同じ人とすることが多い

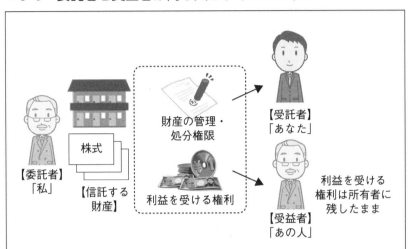

3 信託をサポートする人

　深い信頼関係に基づいて受託者になっていますので、受託者は、信託の目的に反することなく行動することを心がけるでしょう。しかし、受託者となるのは一般人です。信託の知識に精通していませんし、法律のプロでもありません。

　そこで、受託者をサポートしたり、行き過ぎの場合は待ったをかけたり、受託者を監督する仕組みも用意されています。

　受託者を監督する人を「信託監督人」といいます。一定の重要な判断には、受託者が単独で判断するのではなく、「信託監督人」の同意を必要とするようにします。「信託監督人」は、受託者の判断に問題がなければ同意しますが、その判断に問題があるときは同意しません。同意しなければ手続きができませんので、受託者は、「信託監督人」の同意が得られるように、判断を修正しな

ければなりません。

　なお、「信託監督人」には、弁護士や司法書士などの法律のプロや、税理士などの税務のプロがなることが多いです。監督人という立場からも、専門職が望ましいでしょう。

■3-6　受託者をサポートする信託監督人

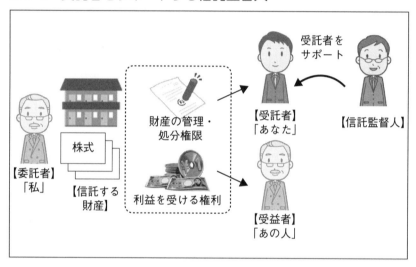

4　家族信託のデメリットは

　家族信託の大きな特徴は、財産の管理者を別に定められるところです。これにより、元々の所有者が認知症になっても、亡くなっても、財産が意図したとおりに管理されていきます。

　病気や相続という偶然の出来事によって、財産の管理がストップすることを防ぐことができるのです。

　会社の株や会社に提供している不動産など、会社にとって重要な財産が管理不能になることを防ぐことができるのです。

2　家族信託の登場人物と仕組み

　このようにメリットが大きい家族信託ですが、デメリットはないのでしょうか。

　もちろん、いくつかあります。これらのデメリットを理解しつつ、家族信託を利用するかどうかを検討する必要があります。

①デメリット１　事業承継税制[1]が使えなくなる

　株にともなう実権を後継者である子どもに無償で移す方法は次のとおりです。

> ・株を贈与する方法
> ・家族信託による方法

　贈与も家族信託も株の実権が後継者に移ることは同じですが、財産権が移るかどうかで異なります。贈与はもちろん移りますが、**家族信託では財産権は移りません**（移るように設定することも可能）。贈与の場合は、贈与税が多額にかかる場合もありますので、事業承継税制の適用を選択して納税を猶予することが可能です。

　一方で、株を信託した場合、通常は設定時に贈与税は課税されませんが、先代が死亡した際に、財産権である受益権が後継者などに動きますので、相続税が課税される場合があります。その際に、**信託したままですと**、**事業承継税制を利用して、納税猶予の**

1　事業承継税制とは、親から子どもなどに会社の経営を引き継がせるために、株を贈与または相続させた場合、一定の要件のもとに贈与税や相続税を納税猶予させる制度です。
　詳しくは、顧問税理士に質問するか、中小企業庁や国税庁のホームページをご確認ください。

87

第3部　経営者の認知症対策　その2　家族信託

適用を受けることができません。

　これは、先代が過半数の議決権を持ち、死亡や贈与で後継者に過半数の議決権を移すことが要件ですが、信託することにより、議決権がすでに後継者に移っているからです。

　ですから、事業承継税制を用いて納税猶予を検討している場合、家族信託による株の承継はできないことになります。

■3-7　株の贈与と信託について比較

	株の実権	財産権	事業承継税制
贈与	移る	移る	**使える**
家族信託	移る	移らない※	**使えない**

※移すことも可能ですが、通常は移らないように設定します。

　株価が高額で、贈与税や相続税の猶予の特例を受けたい場合は、家族信託を利用しないほうがいいでしょう。

　一方で、株価がそれほど高額でない場合や、事業承継税制の猶予が取り消されるリスクを避けたい場合などは、家族信託による株の譲渡は検討の価値があります。

②デメリット2　所得税で損益通算ができなくなる

　信託した財産と信託していない財産があると、所得税の申告をした際、損益通算ができなくなります。

　アパートを2棟持ち、1棟は信託をして、もう1棟は信託していない場合で考えましょう。

　信託したアパートが修繕などで、その年の所得は200万円のマイナスでした。もう1棟は入居も順調で800万円の黒字でした。

この場合、通常であれば、800万円－200万円で600万円の所得で確定申告をします。これを損益通算といいます。

しかし、一方だけを信託するとこの損益通算はできなくなり、200万円の赤字は所得税では考慮されず（つまり所得0）、800万円の所得として確定申告をすることになります。

このように、**信託をする財産としない財産でそれぞれ収入がある場合、損益通算ができなくなります。**

③デメリット３　生兵法は危険

家族信託が徐々に普及するにつれ、著者のところに家族信託の契約書のチェックの依頼がくるようになってきました。

このとき、とても残念なのですが、家族信託をまったく理解しないで作成したと思われる契約書が持ち込まれることがあります。

設定と同時に贈与認定される可能性があるものや、管理者である受託者が万一亡くなられると、にっちもさっちもいかなくなるものなどを見ることがあります。

家族信託はどのような目的で行うのか、その家族や財産所有者の状況などで、設定する内容が多岐にわたり変化します。ニーズに応じて柔軟に設計できる点がいいところです。

しかし、そのためには信託の仕組みを十分理解して設定する必要があります。

贈与契約書などのように、当事者間で了解すればいいものではありません。**家族信託は、当事者間だけなく、税務署や関係する金融機関など、多くの第三者にとっても了解を得る必要があるものです。**

第３部　経営者の認知症対策　その２　家族信託

　ですから、**家族信託を設定する場合は、信託内容を十分理解し
た専門家のサポートを受けることを強くお勧めします。**

　このように家族信託には、いくつかデメリットもあります。
　これらのデメリットを理解しつつ、家族信託を利用するかどう
かを検討する必要があるでしょう。そのためには、家族信託や任
意後見、その他の手続きに精通した専門家のサポートは必要と考
えられます。

コラム３　会社は誰のもの？

　経営者の方とお話ししていると、「私の会社だから問題ありま
せんよ」と聞くことがあります。「私の会社」とは、何を意味し
ているのでしょうか？　そもそも、会社は誰のものでしょうか？
　自分で出資した自分一人だけの会社、つまり、株主と取締役が
一人で同じ人の会社であれば、「私の会社」でよいかもしれませ
ん。しかし、親族や友人とお金を出し合って（出資して）作った
会社の場合、自分が社長であれば「私の会社」でよいでしょうか？
この場合、自分が社長でも、すべてのことを自分一人で決めるこ
とはできません。会社では、株主総会で決めなければいけないこ
ともたくさんあります。例えば、取締役を選ぶ決議も株主総会で
行います。自分が社長だから何でも一人で決めていいと思ってい
ると、株主総会決議不存在としてトラブルにつながることもあり
ます。会社の重要事項は株主総会の決議が必要だという認識を持
つことが大切です。

3 家族信託と税金

　社長Lは友人の社長Pと自社株家族信託のセミナーに参加しています。終わったあと、社長Lが講師に相談しています。

社長L：チョット質問があるのですがいいでしょうか？

講師：はい、どうぞ。

社長L：株を家族信託すると、会社の実権をいっぺんに後継者に移せますよね。

講師：そうですね。いっぺんに移すことができます。

社長L：私には息子がいて、後継者として準備しているのですが、顧問税理士と相談しながら、私の株を息子に少しずつ贈与しています。贈与を始めてからもう6年になります。それが家族信託を使うと、いっぺんに実権を移せるなんてチョット理解ができないのですが……。

講師：確かに不思議だと思います。家族信託の特徴は、会社の実権と財産権を分けて、それぞれ別々に移せるということです。だから、会社の実権の部分だけを後継者に移して、財産権を移さなければ、贈与税はかからないですよ。

社長L：そうすると、家族信託を使うと、税金がかからなくて済むのですか？

講師：そういうわけではありません。かかるところはかかります。税金がかかるポイントはとても重要ですので、概要をお話ししますね。

1 信託すると税金はどうなるか

信託すると税金はどうなるのでしょうか。

税金の詳しい説明は他書に譲りますが、ポイントは案外単純です。

信託の最大の特徴は、「管理・処分の権限」と「利益を受ける権利（＝財産権）」を分けて別々に移せる点です。

■3-8 「管理・処分の権限」と「財産権」は別々に移る

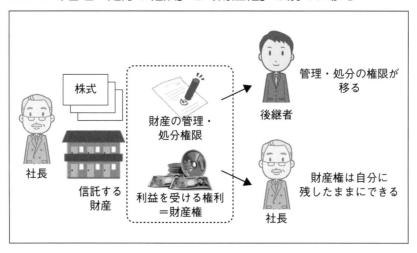

株を信託すれば、「管理・処分の権限」は会社の実権ですし、「利益を受ける権利」は配当をもらえる権利です。

収益不動産なら、「管理・処分の権限」は賃貸借契約をしたり、不動産を売却する権限です。「利益を受ける権利」は、賃料をもらえたり、売却した代金をもらえる権利です。

そして、税務的には、この「利益を受ける権利」に「財産権」があるとみます。

3 家族信託と税金

■3-9 財産を信託すると……

信託する財産	管理・処分の権限	利益を受ける権利
会社の株	・会社の実権（人事権など） ・M&A などで株を譲渡する権限	・配当をもらえる権利 ・株を譲渡した代金をもらえる権利
収益不動産	・賃貸借契約をする権限 ・不動産を売却する権限	・賃料をもらえる権利 ・売却代金をもらえる権利

「管理・処分の権限」には財産的価値をみていません。

ですから、税務上は「利益を受ける権利」を持っている人（＝受益者）を、その財産の所有者とみるのです。

法律上は「管理・処分の権限」がある人（＝受託者）が形式的な所有者ですので、法律上と税務上で所有者が変わることになります。

ここが信託のややこしいところですね。

しかし、「利益を受ける権利」と「管理・処分の権限」を分けられることによって様々なメリットがあることも事実です。

株の「管理・処分の権限」だけを後継者に移せば、会社の実権は後継者に移すことができます。そして、株を他人に譲渡してほしくなければ、そのように設定することも可能です。

しかし「利益を受ける権利」は自分に残しておけるので、見た目は贈与なのに、贈与税がまったくかかりません。**非課税で会社の実権を移すことができます。**もちろん、後継者に対して指図ができる権利（指図権。106 ページ）を残しておけば、先代社長の意向を反映させることも可能です。

会社の実権は後継者に渡っていますので、後継者は自分の判断

93

で会社を経営できます。

つまり、万一、元々の社長が認知症になっても、実権の行使については問題が生じないのです。

2 財産権を持つ社長が亡くなったらどうなるか

信託では、財産権（配当をもらえる権利など）を次に持たせたい人やその次に持たせたい人を自由に設定できます。財産権を持つ社長が亡くなって、妻に財産権が移ったら、相続税の対象となります。

設定の時は財産権が移らないので贈与税がかかりませんでしたが、死亡の時は、財産権が移るので相続税の対象となります。

ですから信託は節税ではなく、かかるときはかかるのです。

税金の計算方法ですが、信託したときと評価方法は基本的には

■3-10 社長が亡くなるとどうなるか

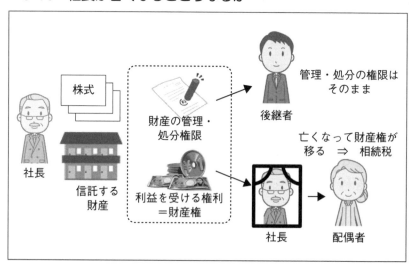

変わりません。

③ 所得税について

　株の配当を受け取っている場合は、**所得税が課税**されます。

　信託すると、この所得税は誰に課税されるのでしょうか。

　所得税も財産権を持っている人（＝受益者）に課税されます。

　株を後継者に信託すると、株の名義は受託者である後継者に移ります（法律上）。

　一方で、株の財産権（受益権）は、通常は先代社長に残したままにしておきます。そうすると、株の配当の所得税は先代社長にこれまでどおり課税されることになります。

　つまり、株を後継者に信託しても、贈与税はかかりませんし、所得税の確定申告も先代社長のまま。今までと変わらないということですね。

　アパートを信託した場合も同様です。

　賃料収入について所得税の確定申告を行います。これも受益権を動かしていなければ、これまでどおり元々のオーナーに所得税が課税されるので、確定申告はオーナーが行うことになります。

　株でも不動産でも、信託をしても管理・処分の権限が移るだけで、お金の面はこれまでと変わらないといえます。

④ 譲渡所得税

　資本金が1,000万円でも、税理士が実際の税務上の株価を評価してもらうと1億円とか、何倍〜何十倍にもなっていることがよくあります。利益を毎年積み上げていると、株の評価が知らず知

らずの間に高額になっているものです。

この株をM&Aなどで売却したら税金はどうなるのでしょうか。

資本金1,000万円の株を、M&Aで売却したら1億円になりました。株を売却した利益（譲渡所得）は、差引9,000万円です（売却の経費があれば差し引くことは可能です）。

この9,000万円に譲渡所得税が課税されます。この場合も、この課税は財産権を持つ人（＝受益者）に課税されます。

先代社長から息子に株を信託した場合、株の管理処分の権限は息子に移ります。M&Aの譲渡契約の調印は息子がすることになります。

しかし財産権は先代社長に残したままであれば、M&Aによる**譲渡所得税は先代社長に課税**されます。つまり、確定申告は先代社長が行います。

ここでも、信託したことによって、実質は変わらないですね。

5 不動産特有の税金──不動産取得税と固定資産税

不動産特有の税金といえば、不動産取得税と固定資産税（都市計画税も含む）を挙げることができます。

信託すると、受託者に名義が移りますが、この二つの税金はどのような取り扱いになるのでしょうか。

①不動産取得税

不動産の名義が移った場合にかかる税金です。不動産取得税については特例があり、**信託を設定したときには課税されません**。

しかし、信託が終了するときには注意が必要です。

３　家族信託と税金

　信託が終了して、元々のオーナーか、オーナーの相続人が不動産の名義を取得するなら、通常、不動産取得税は課税されません。しかし、それ以外の人が取得すると不動産取得税が課税されます。

　これも、これまでと変わらないといえます。

　お父さんが遺言を書きました。お父さんが亡くなり、子どもに不動産を相続させる場合は、不動産取得税はかかりません。でも、孫に不動産を取得させる場合は不動産取得税がかかります（養子縁組をしていない場合）。

　信託も同様で、信託が終了して、自分の子どもなど、相続人に不動産を取得させる場合は、不動産取得税はかかりません。しかし、孫など相続人でない人に取得させる場合はかかるのです。

　ここでも、信託した場合もしない場合も、税金がかかるかどうかは同じといえます。

②固定資産税

　ここだけ、信託した場合としなかった場合で課税される人が変わります。

　固定資産税（都市計画税を含む）は、その年の１月１日時点の名義人にかかることになっています。

　親から子どもに信託すると名義人は子どもに移ります。そうすると、その年の春に**固定資産税の納税通知は、子ども（受託者）宛に届くことになります。**

　アパートなど収益不動産では、固定資産税は経費になります。受益権（賃料をもらう権利）は親に残したままの場合、確定申告は親がすることになりますが、子ども宛に届いた固定資産税は賃料の経費にできます。

97

第３部　経営者の認知症対策　その２　家族信託

　それから、自宅を信託した場合などは、元々の名義人が固定資産税を払うようにしておくことが普通です。

6　税金の特例はどうなるか

　税金には様々な特例があります。

　贈与をしたときの相続時精算課税。相続のときは配偶者控除や小規模宅地の特例。居住用不動産を売却したときの3,000万円の特別控除。

　これらはすべて利用することが可能です。そのときのポイントは一つ。信託した場合の財産権を持つ人（＝受益者）をその財産の所有者とみなして、特例の適用の可否を判断します。

　信託すると見た目の名義人は受託者に移ります。親から子に財産を信託すれば、見た目の名義人は受託者である子どもに移ります。しかし、税金上は財産権を持つ人（受益者）を所有者とみなして、税金の特例が使えるかどうかを判断することになります。

　この点でも、信託をしても変わらないといえますね。

　１点だけ使えなくなるものがあります。それは**事業承継税制**です。

　株を親から子どもに信託すると、議決権が子どもに移りますが、財産権（＝受益権）は親に残したままにするでしょう。その後、財産権である受益権を子どもに贈与しても、事業承継税制の納税猶予の特例は使えないことになります。すでに議決権が移っているからです。

　このように、信託しても税金の考え方は基本的には変わりません。財産権を持つ受益者を税務上は所有者とみなします。受益権

が移ると課税が発生します。

生前に受益権を移せば贈与税、亡くなって移れば相続税です。

税金に関する様々な特例も、事業承継税制を除いては利用することができます。

ですから、家族信託を利用すると節税になるとか、余計に税金がかかることはありません。家族信託は、税金のことを気にせず管理処分の権限だけを移すことができる点が、大きな特徴といえます。

第3部　経営者の認知症対策　その2　家族信託

| 4 | 経営者のための家族信託の使い方 ──自社株信託 |

　日曜日の夕方、社長Lが、自宅で妻とリビングでくつろいでいます。

社長L：俺もそろそろ引退の時期を考えないとなぁ……。

Lの妻：どうしたの？　会社がうまくいってないの？！

社長L：バカ言うなよ！　会社が安定しているうちに引き継ぐことが大事なんだよ！　俺が会社を途中で投げ出すようなことするはずないだろ！！

Lの妻：それは失礼しましたわ。でも、急に社長交代しても大丈夫なの？！

社長L：うん……。最近、友人の社長のPくんといろいろなセミナーに参加したり、司法書士や税理士の先生にも相談してるけど、選択肢が増えるにつれて迷いも増えてきてね。

Lの妻：選択肢が多いのも考えものね……。先日、Pさんが遊びにいらした際に話していた事業なんとかとかいうのはどうなの？

社長L：あぁ、新しい事業承継税制[2]だね。すごく使いやすくなったらしいからね。検討してるよ。でも、始めたらやめるのが難しいし、期限もあるしね。

Lの妻：予定どおりにいくかわからないものねぇ……。

社長L：そうなんだ。そこで、もう一つ検討している選択肢があってね。「家族信託」っていうんだけどね。こっちは、

100

都合が悪くなれば、止めることができるみたいなんだ。
Lの妻：「カゾクシンタク！？」何だかよくわからないけど、迷っているのはどうして？
社長L：家族信託には節税効果がないから、相続税のことは別に考えないといけないんだ。でも、家族信託なら、俺が急に倒れても会社の経営が止まらない。そして、もし、長男が社長に向いていないときは元に戻すこともできる。仕組みとしてはよいところばかりなんだけどね。
Lの妻：相続税のことを考えると、新しい事業承継税制を利用したほうがいいかもしれないわね。でも、あなたが亡くなる前に、会社の経営が不安定になったら本末転倒だわね。
社長L：そうなんだ。でも、迷ってばかりいられないからね。会社経営と同じで、事業承継も、まずは準備を始めてみないとな……。

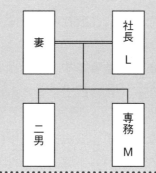

2　事業承継税制とは、先代経営者から親族等の後継者に自社株（非上場）を贈与した場合や相続させた場合、一定の要件のもとに贈与税や相続税を猶予する制度です。
　2018年の改正で、期限付きですが、猶予される範囲が拡大され、雇用維持等の要件も緩和されました。
　株の贈与や相続を前提とした制度です。本書は経営者の認知症対策に焦点を当てているため、詳しい説明を差し控えています。
　詳しくは国税庁ホームページの「事業承継税制特集」のページで参照できます。https://www.nta.go.jp/publication/pamph/jigyo-shokei/index.htm

第3部　経営者の認知症対策　その2　家族信託

1 家族信託を自社株に用いる

　ある日突然、社長が脳梗塞で倒れてしまったら、会社はどうなるでしょうか。

　まず、会社の代表者を交代しなければいけません。取締役が社長一人だけだったら、後継者を取締役に選ぶことからしなければなりません。取締役は、株主総会で選びます。株主総会で議決権を持つのは、株主です。

　会社のすべての株を社長一人で持っていたら、議決権を行使できるのは、社長だけです。会社の取締役と株主が社長一人だけだったら、代表者の交代ができません。脳梗塞などの突発的な事故によって、ある日突然、会社がデッドロックに陥ります。

　家族信託は、これを解決できます。

　社長が、まだ元気なうちに、会社の自社株について、信託契約をします。

　社長が、委託者であり受益者です。自社株の信託をお願いする人（委託者）で、さらに、株の配当を受ける権利を持つ人（受益者）です。

　後継者が受託者になります。議決権（人事権など）を持つ人です。社長が持つ自社株の中から、議決権を行使する権利だけを切り取って、後継者に移した状態になります。

　契約後は、後継者が議決権を行使します。受託者に権限が移っているからです。そこで、その後、社長が脳梗塞で倒れたとしても、株主総会で代表者交代の決議をすることができるのです。代表者交代について、デッドロックに陥ることはありません。

　自社株を家族信託することを特に、「**自社株信託**」ということもあります。

102

4 経営者のための家族信託の使い方——自社株信託

■3-11 家族信託を自社株に用いる

2 他の方法との違い

自社株信託は、他の方法と何が違うのでしょうか。

遺言、売買、贈与、家族信託について比較します。

①遺言

遺言で自社株を後継者に相続させる場合、ご本人の死亡によって効力が生じます。死亡により効力が生じますので、自社株を確実に後継者に移すことができるのがメリットです。公証役場で作成すれば費用がかかりますが、他の方法に比べて費用を抑えることができます。また、後継者が変わった場合は、遺言書を作り直してやり直すことが可能です。

しかし、**死亡までは効力が生じませんので、判断能力低下から**

103

死亡までの期間の対策にはなりません。つまり、社長が脳梗塞で倒れて判断能力を失った場合、議決権を行使することはできなくなります。代表取締役と株主のどちらも、機能停止してしまいます。

②売買

売買で自社株を後継者に譲る場合、自社株を確実に後継者に移すことができるのがメリットです。

当然ですが、**後継者が買取資金を準備する必要があります。**また、**売却した社長に譲渡所得税が発生する場合もあります。**双方にコストがかかるのがデメリットです。

また、**売買後に後継者が変わった場合、不幸にして後継者が先に死亡した場合など、不測の事態が起こった場合に、やり直すことが難しくなります。**

例えば、自社株の売買後、社長と後継者である長男の意見が対立して、長男が会社をやめてしまった場合、長男が「自社株を売らない」と言えば、自社株は社長の元には戻ってきません。最悪の場合、社長は、会社の代表取締役を解任されてしまうかもしれません。

後継者である長男が、社長よりも先に死亡した場合は、長男の家族が、自社株を相続します。長男の妻が相続した自社株は、もう社長の元には戻ってこないかもしれません。長男に子どもがいない場合は、長男の妻が相続した自社株は、その後、妻の親族に相続されていきます。

③贈与

贈与で自社株を後継者に譲る場合、自社株を確実に後継者に移

すことができるのがメリットです。

　一方で、もらった後継者には、多額の贈与税が発生することが考えられます。贈与税のコストが障害になって、自社株を後継者に移せないことも多いです。少しずつ贈与するケースもよくありますが、その場合は、とても長い時間がかかります。その間に社長が認知症になったら贈与できなくなります。

　また、売買と同様、贈与の場合も、不測の事態が起こった場合に、やり直すことが難しくなります。**贈与の場合は、やり直すときの贈与にも贈与税がかかるので、さらに大変かもしれません。**

　実際こんなことがありました。

　先代社長から後継者に株を少しずつ贈与し、長い時間をかけてすべての株を贈与し終わりました。そしたら後継者が不慮の事故で死亡。株を相続した後継者の妻は、会社には関わりたくないとして、株を第三者に売却してしまいました。先代社長はまだ元気なのにもかかわらず、苦労して築き上げてきた会社があっという間に第三者の手に渡ってしまいました。

　売買や贈与はこのような危険性もあるのです。

④家族信託

　家族信託の特徴は、信託をすれば、一括で会社の実権を移せることです。そのとき、お金の用意も不要です。贈与税もかかりません。

　会社の実権を後継者に移しているので、先代社長が認知症や病気になっても、会社の実権の行使も影響はありません。

　この後で述べる指図権（106ページ）を設定すれば、事実上、

第３部　経営者の認知症対策　その２　家族信託

先代に実権を残すことができます。

　また、家族信託なら後戻りも簡単です。不幸にして後継者に事故があったときも、先代社長の一存で家族信託をやめることができます。つまり、会社の実権を先代社長に戻せるのです。

　家族信託を設定した後、先代社長が亡くなると相続税の対象になります。

　しかし、事業承継税制の納税猶予の特例は使えなくなります。

　このように、遺言、売買、贈与、家族信託、それぞれ株の移し方には一長一短があります。

　自分の優先すべきことを念頭に置きながら、どの方法を取るか決定すべきでしょう。

3 自社株信託のオプション──「指図権」とは

　自社株信託において導入されることが多いのが「指図権」です。指図権とは、信託財産の管理や処分について受託者（後継者）に指図できる権利です。指図権を持つ人を指図権者といいます。信託の契約の中で、委託者や受益者を指図権者と定めることができます。

　指図権者は、受託者に対して、文字どおり、指図することができます。受託者は、指図権者からの指図に従わなくてはなりません。

　例えば、株主総会の議案について、賛成するように指図があれば、その指図が信託目的に反するものでないかぎり、受託者は、賛成しなければなりません。

4 経営者のための家族信託の使い方──自社株信託

■3-12 指図権

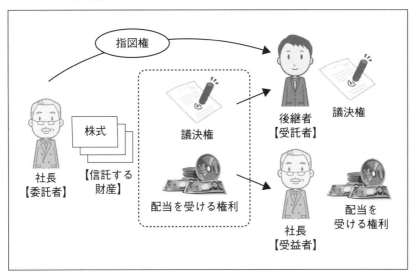

4 指図権の利用方法

では、指図権の具体的な利用方法はどうなるのでしょうか。

社長は、後継者となる長男に自社株を信託します。議決権は、長男が行使することになります。同時に、信託契約の中で指図権を設定し、指図権者を社長にします。これにより、社長は、長男の議決権の行使について、指図することができるようになります。

例えば、「役員に自分（社長）を入れておけ」と長男に指図すれば、長男はそのとおり議決権を行使して、社長を役員のままにとどめておけます。役員報酬についても、指図することが可能です。つまり、社長は株を信託する前と同じ権限を持ったままなのです。

第３部　経営者の認知症対策　その２　家族信託

　ところが、社長が病気や認知症などで、判断能力がなくなったとしましょう。そうすると、社長は自分の意思で、指図をすることができなくなります。

　このとき、信託を受けた長男は、自分の考えのみで株にともなう議決権を行使して、会社を運営することができるのです。

　このように、指図権を設定することで、社長はこれまでどおり会社を運営することができ、自分の判断能力の低下にも備えることができるようになるのです。

5　指図権のメリット

　指図権を利用すれば受託者の判断ミスを防ぐことができます。

　社長はベテラン経営者です。経営の難局に臨機応変に判断できるでしょう。しかし、後継者はまだ経験不足かもしれません。

　経験不足の後継者が、すべての議決権を持ってしまったら、その判断を誤ることもあるかもしれません。社長が指図権を持っていれば、受託者の判断ミスを防ぐことができます。

　指図権を利用すれば、社長と後継者の二人三脚で経営判断をしていくことができます。

　指図権は、行使しなければならないものではありません。受託者が正しく判断できるようになれば、指図権を行使する必要はありません。後継者である受託者が判断に迷ったときは、社長が指図権を行使してサポートします。後継者は、指図権に従って議決権を行使します。

　このようにして、社長が元気なうちから、後継者に実際に判断の仕方を学ばせます。そして、社長と後継者の判断にズレがなく

なったら、社長は指図権の行使を止めます。その後は、後継者が単独で正しく議決権を行使できます。

　なお、社長が、脳梗塞や認知症などで、指図権を行使できなくなった場合は、必然的に、議決権は、後継者の判断だけで行使されることになります。

　このように指図権は、会社の経営を「点」ではなく「線」で承継させるための有力な方法になります。

6 指図権で注意すべきところ

　指図権を設定する場合は、社長と後継者、それぞれの気持ちのバランスを考えることが大切です。

　社長とすれば、まだ元気なうちから議決権をすべて移すことに抵抗があるかもしれません。一方、後継者は、いつまでも社長から判断に指図されることに抵抗があるかもしれません。

　社長に対しては、基本的に後継者に判断を任せること、そして、重要点についてだけ指図するというスタンスでいくべきでしょう。

　任せられることにより、成長できるのですから。

　後継者に対しては、いきなりすべての判断をしなければならない重責が少し軽減される、近い将来、すべての重責を担わなければならない立場になるための通過点と思って、社長と二人三脚で取り組んでいただきたいと思います。

　突然のオーナー社長交代による会社の混乱、信用低下、売上げ低迷、幹部社員の流出。これらの事態は、指図権をうまく利用した自社株信託があれば、避けられるかもしれません。

第3部　経営者の認知症対策　その2　家族信託

　スムーズな事業承継、特に社長の判断能力低下への備えとして、有効な方法の一つでしょう。

コラム4　　自社株信託に会社は関係ない？

　株式信託は、現在の株主が委託者となり、株式の管理等を託される方を受託者として、委託者と受託者の間で契約します。そのため、会社は契約当事者ではありません。この場合、株式信託したことについて、会社の「承認」が必要になります。専門的な話をすると、「信託」は「譲渡」にあたります。そのため、「信託」について会社の譲渡承認決議が必要ということになります。したがって、会社が承認しなければ、株式信託したことを会社に対して主張できません。オーナー社長の自社株信託ではあまり問題になりませんが、株主が分散している会社の対策では注意が必要です。「通知」ではなく「承認」が必要ですので、しっかり事前準備しておくことが大切です。

5	# 経営者のための家族信託の 使い方
	――不動産信託

社長のLと息子で専務のMが司法書士Xの事務所を訪れています。

> 社長L：……というわけで、家族信託を検討しているのですが、いかがでしょうか？
>
> 司法書士X：企業防衛という点ではとてもいいと思います。
>
> 社長L：今回は株を信託するだけでよろしいでしょうか？
>
> 司法書士X：確か御社は、新しい倉庫を建築する計画を進めていましたよね。その敷地は社長の名義では？
>
> 社長L：確かにそのとおりです。
>
> 司法書士X：失礼な話で申し訳ありませんが、社長もそれなりの年齢なので、念のため申し上げます。万一、社長が病気や認知症などで判断能力を失うと、倉庫の建築がストップしかねません。
>
> 社長L：それはなぜでしょうか？
>
> 司法書士X：社長名義の敷地にはおそらく抵当権を付けると思いますが、社長が判断能力を失うと、その手続きができなくなるからです。
>
> 専務M：やはりそうですか。最近、知り合いの社長が病気で意識が戻らず、大変なことになっていました。
>
> 司法書士X：ですから、株だけでなく、事業用の不動産も信託しておくことをお勧めします。これも一つの企業防衛です。

社長L：なるほど、企業防衛ですね。息子が取り組んでいる新規事業も好調で、今回の倉庫の建設は絶対必要と考えていました。でも最近物忘れをすることもあり、私が息子の足を引っ張らないようにと考えていたのですよ。

専務M：父からそんな風に言ってもらうと、うれしいです。しかも、心配していたリスクも何とかなりそうで、「これからもがんばろう」って気持ちになりますね。

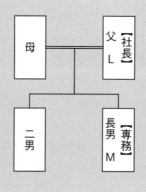

1 経営者名義の個人資産
──経営者が判断能力を失うとどうなるか

　社長が認知症や病気で判断能力を失うと、会社の経営に重大な影響を及ぼします。

　今回は、社長名義の敷地に倉庫を建てる計画です。

　建築費用は銀行融資。社長L名義の土地には抵当権を設定する予定です。

　この抵当権の設定手続きは社長L個人が行わなければなりません。

■3-13 土地は社長名義

　計画の途中で、社長Ｌが病気などで判断能力を失うとどうなるでしょうか？

　三つの問題が考えられます。

　まず一つ目として、**判断能力を失った状態では、抵当権を付ける手続きはできません**。近年はコンプライアンスが非常に厳しく、判断能力を失った状態では、金融機関は、手続きを進めることはありません。そのため、金融機関は「『成年後見人』を選任してください」と言うでしょう。

　二つ目に、この成年後見人は、経営者として多くの問題があります。成年後見人は家庭裁判所が選任し、家族が自由に決められません。そのため、通常は弁護士や司法書士などの、それまで会社にまったく関係ない第三者が選任される可能性が高いです。

　成年後見人は、社長のすべての財産を管理します。そうすると、それまでまったく関係ない第三者が倉庫の土地だけでなく、会社の株を管理します。つまり経営権がその第三者に移ってしまうことと同じ意味です。それだけではありません。社長の個人の預貯金、自宅まですべて管理することになるのです。そして、成年後見人は家庭裁判所の管理下に置かれます。つまり、究極的には、**何も準備しないで認知症になると、経営権や個人資産を家庭裁判所という役所の管理下に置かれることを意味するのです**。会

社の経営権の最終判断を役所に預けることになるとはゾッとしませんか。

　三つ目に、**成年後見できる範囲は、会社の経営には向きません**。

　今回の倉庫に抵当権を付ける手続きは、「会社」の借り入れのために「社長個人」の不動産に担保を付ける手続きです。つまり、他人のために財産を提供する手続きです。自分の会社でも法律上は他人です。他人のために財産を使うことは、家庭裁判所が最も嫌うことです。財産はあくまで社長本人のために使わなければなりません。**たとえ、自分の会社といえども、会社のために使うことはできないのです**。

2　家族信託による解決方法

　しかし、家族信託なら簡単に解決できます。
　社長L名義の土地を息子である専務Mに信託します。「信託」という形での譲渡ですね。

■3-14　「信託」という形の譲渡

5　経営者のための家族信託の使い方——不動産信託

　そうすることにより、信託した土地に関する手続きは専務M
が行うことになります。もちろん、抵当権の手続きも専務Mが
行います。このとき、万一社長Lが判断能力を失っていたとし
ても、問題なく抵当権の手続きができます。もちろん土地の手続
きに関しては、成年後見人も不要です。

　このように、**事業用の不動産を信託しておくことにより、特に
高齢者の判断能力低下のリスクに対処ができるようになるので
す。**

③ 不動産を動かすと税金はどうなるか

　信託も譲渡ですから税金が心配かもしれません。しかし、今回
のケースでは余計な課税がされることはありません。

　信託は、お金のやりとりなく土地の名義を動かすので、贈与の
ように見えます。しかし、賃料をもらえる権利（受益権）は引き
続き社長Lに残しておくことにより、**贈与税は課税されません。**
もちろん社長Lが亡くなると、その受益権が動きますので、そ
のときは相続税の課税対象になります。

　次に不動産取得税。専務Mは信託により不動産の名義を取得
していますので、不動産取得税の対象になり得ます。しかし、**信
託の設定時は不動産の取得税は非課税です。**

　一方で、信託が終了するときは、不動産取得税がかかる場合が
あります。

　「かかる場合がある」としたのは、かからないこともあるから
です。信託が終了して元々のオーナーやその相続人に不動産が引
き継がれるときは、通常、不動産取得税はかかりません。

　今回のケースでは、社長Lが亡くなれば、信託を終了させて

115

もよいでしょう。そのとき、社長Lの相続人である専務Mがこの不動産を取得するように設定しておけば、終了時も不動産取得税がかからないことになります。

4 専務Mに万一のことがあったら？

　ではもし、専務Mに万一のことがあったらどうしたらよいのでしょうか。つまり、管理を任された人（受託者）に何かあったときの対処法です。

　もちろん、専務Mも生身の人間ですから、事故や病気で判断能力を失うこともあるでしょう。最悪、社長Lより先に亡くなることもあり得ます。そのとき、対処ができないとやはり困ってしまいます。

　ところがその点も、信託をしておけば大丈夫です。

　信託契約の中で、専務Mに万一のことがあったら、次の受託者（不動産を管理する人）を決めておくことができるからです。

　例えば、専務Mの弟（社長Lの二男）を次の受託者として決めておくこともできます。そのようにしておけば、**専務Mが亡くなったとしても、弟がスムーズに不動産の管理を続けることができます。**つまり抵当権の設定手続きが終わっていなければ、弟がその手続きを完了させることができるのです。このとき、不動産は専務Mの相続からは無関係です。

　これが、もし、贈与や売買で社長Lから専務Mに不動産の名義が移っていたら大変です。**専務Mが亡くなると当然その不動産も相続されます。**専務Mの妻や子どもたちに名義が移ってしまうのです。そうなると社長Lがまだ元気だとしても、その不動産には手を出せなくなってしまいます。専務Mの妻や子ども

たちが「担保には入れられません」といったら、不動産を担保に、倉庫の計画を進めることができなくなってしまうのです。もちろん、妻や子どもたちは不動産を他人に売却することもあり得ます。

このように、信託をしておくことにより、社長Lはもとより専務Mに万一のことがあっても、会社にとって不都合がないようにすることができるのです。

家族信託は、まさに高齢社会を支える企業防衛の切り札ですね。

コラム5　俺の会社だから問題ない？

　自分で出資した自分だけの会社であれば、自分で何でも決めることができます。株主も取締役も自分一人だからです。このような会社の経営者は、「時期がきたら後継者にバトンタッチするので、今は何もしなくても大丈夫ですよ」とおっしゃいます。本当に大丈夫でしょうか？

　事故や病気で事態が急変することを想定する経営者は少ないです。万一の事態を想定していない経営者、会社の引き継ぎの準備ができていない経営者は、相続の準備もできていないことがよくあります。オーナー社長の相続トラブルが原因で、株主総会決議不存在など会社がトラブルに巻き込まれることもあります。「備えあれば憂いなし」。会社の経営は、スムーズに後継者にバトンタッチしていただきたいものです。

第４部

ケース別にみる
経営者の認知症対策

　任意後見が必要な人には、いくつか特徴があります。特に会社のオーナー（社長）や資産家の方には、なくてはならない契約でしょう。

　多かれ少なかれ経営者は、そのあふれる才能から多くの経済効果を生み出しています。そのため、経営者が社会的に負っている責任は計り知れません。

　ここでは、経営者と周囲の人を取り巻く問題について、事例をベースに解説いたします。

第４部　ケース別にみる経営者の認知症対策

ケース１

地主が建築途中に認知症が進行

建築業者と地主の長男 Q が司法書士事務所を訪問しています。

長男 Q：最近、母は物忘れが多くて、認知症が少しずつ進行しているようで心配です。

建築業者：先生、建物の完成前に地主さんが、認知症になるとどうなるのでしょうか。

司法書士：判断能力が衰えると銀行での借り入れの契約ができません。そうなると、最終の支払いができなくなり、新築建物の引渡しができないですね。

建築業者：そうですね、支払いをしていただけない以上、引渡しすることはできないですね。

司法書士：そうなると、今の状態は、地主さんであるお母さんが、たまたま認知症にならなければラッキーですが、もし認知症になれば、建築費用の支払いができないという大問題の案件になります。時限爆弾を抱えているようなものです。まだお母さんは大丈夫ですか？

長男 Q：今のところ話もできますし、時々物忘れをする程度なので、大丈夫だと思います。でも、どうしたらいいのでしょうか。

司法書士：お母さんと、あなたで任意後見の契約をしておいてはいかがでしょうか。

長男 Q：任意後見ですか……、どのようなものでしょうか。

120

1　地主が建築途中に認知症が進行

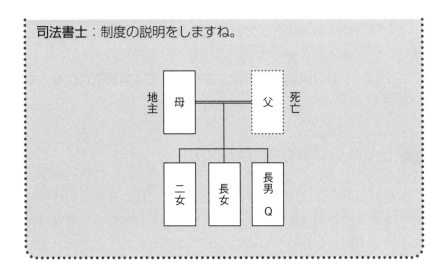

1　事例の概要と問題点

　ある地主が相続税の対策で、マンションの建築を計画して進みつつあります。

　建築業者が、地主と打合せをしていると、どうも地主が認知症の初期の段階ではないかと感じたようです。

　建築途中で、地主が亡くなれば相続の手続きになります。しかし、認知症になったときにはどうなるのか心配で、地主の長男Qと建築業者が、司法書士のところに相談に来ました。

　何の準備もしないうちに、地主であるお母さんが認知症になってしまうのが心配だったようです。

　認知症になり、判断能力がなくなると、工事に関する契約や銀行の借り入れの契約など法的な手続きが一切できなくなります。そうなると、工事が頓挫してしまいます。相続税対策どころの話ではなくなってしまいます。

第４部　ケース別にみる経営者の認知症対策

　これに対処する方法として、裁判所に成年後見人を付けてもらえばいいと考える人がいます。

　しかし、今回の事例の場合は、成年後見では解決策にはならないのです。

2 後見人には誰が選ばれるのか

　家庭裁判所に提出する成年後見の申立書には、後見人の「候補者」を書く欄があります。そこに子どもなど親族の名前を書いた場合、その親族が後見人に選ばれるのが当然だろうと思われるかもしれません。

　しかし、親族が後見人に選ばれるのは、４人に１人程度です。

　特に、資産家の親族は後見人に選ばれないのです。

　当然、親族が選ばれると思っていた人からすると意外に思われるかもしれません。自分が後見人になれないのであれば、後見の申立てはしないという人もいるかもしれません。

　しかし、いったん裁判所に申立てをすると取下げができなくなります。

　親族は、当然、自分が選ばれると思い、家庭裁判所への申立書類の「候補者の欄」に自分の名前を書いて申立てをします。

　ところが、**裁判所は、本人のことを何も知らない司法書士や弁護士などの第三者を選任する可能性が高いのです。**

　今回は、自分が認知症になったときに信頼している長男Ｑに後見人になってほしいのですから、判断能力がある間に、**長男Ｑとお母さんとで「任意」後見契約をしておく必要性があります。**

122

3 認知症対策として行うべきこと

　地主であるお母さんが、認知症になってしまい、成年後見の申立てをすると、お母さんのことをまったく知らない司法書士や弁護士などの第三者が選ばれることになります。

　今回の事例では、長男Qに後見人をお願いしたいので、当然それは避けなければなりません。

　そのため、まずお母さんと長男Qとの間で任意後見契約をしました。

　その内容は、

---

① 請負契約をしている建築中の建物の完成

② 完成時の金融機関からの借り入れの契約と借り入れ[1]

③ 担保のため抵当権設定の契約の締結と登記申請

④ 建築業者への支払い

⑤ 家賃専用の銀行口座の開設

⑥ 完成したマンションの入居者の募集や賃貸借契約の権限

などを、任意後見の契約書に盛り込みました。他にも、それ以外に、日常生活に必要な項目を入れました。

　任意後見の契約をした時点では、わからないことが二つあります。

　一つ目は、将来、認知症になるかどうかです。

1　任意後見の委任事項（代理権目録）に、金融機関からの借り入れをするようにと書いてあっても、金融機関が融資に応じるか否かは別の問題です。ご注意ください。

第４部　ケース別にみる経営者の認知症対策

　二つ目は、誰が任意後見の監督人に選ばれるのかわからないということです。

　「監督人？？？　任意後見監督人って、何？」そんな、質問が聞こえてきそうですね。

4 任意後見の監督人とは

　任意後見人は、判断能力が衰えた本人に代わってお金の管理や契約などの手続きを、本人に代わって行うことができるという権限があります。

　その代理権が、正しく使われているのかをチェックするはずの本人は、すでに判断能力が衰えています。そこで、本人に代わって、後見人の仕事をチェックする人。それが任意後見の「監督人」です。

　任意後見の契約をした時点では、任意後見監督人は、誰になるのかわかりません。本人が認知症にならないまま亡くなったときは、任意後見は効力を生じません。そのときは監督人の選任も必要ありません。

　本人が認知症になって初めて裁判所が監督人を決めることになります。そのため、契約の時点では、誰が任意後見の監督人になるのかわからないのです。

　それでも、将来判断能力がなくなってしまったときのことを考えてリスクをヘッジしておこうという意思のある人で、手間や費用負担というハードルを乗り越えられる人が、任意後見契約を行っています。

124

5 遺言書もセットで作成

　次にすべきことは地主であるお母さんの遺言書の作成です。

　お母さんには、後継者である長男Q以外に2人の娘がいました。長女は商社の転勤族の男性と結婚して海外で暮らしています。お母さんとは、学生時代からあまり仲が良くありません。

　二女は、結婚して近くに住んでいましたが、夫の個性が強く、その影響でお母さんとの関係が悪くなっていました。その結果、徐々に兄妹仲も悪くなってしまいました。

　この状況では、お母さんが亡くなったときに仲良く話し合って財産を分配することはできません。そのため「遺言書」が必要です。

　家主業、地主業というのは、商売の種である不動産があってこそ成り立つ商売です。そのため、相続の際に長男Qに不動産が集中するよう遺言書を作りました。しかし、遺留分の問題があります。

6 遺留分とは

　遺留分とは、簡単に言うと、遺言書で「相続させない」という趣旨が書かれていても、法律で定められた相続分の半分は、取り返すことができる権利です。

　今回の法定の相続分は、子どもたちが3人で3分の1ずつです。

　子どもの遺留分は、法定相続分の半分ですから、長女と二女には6分の1ずつです。

　この遺留分は、遺言書でも排除できません。

　相続法が改正され、遺留分を請求されると、それに対応する金額を支払わなければなりません。

第4部　ケース別にみる経営者の認知症対策

　今回は、兄弟の仲が悪いのです。**お母さんが遺言書で財産を長男Qに集中するように書いても、遺留分だけは、他の姉妹から請求がされる可能性が高いでしょう。**

7　遺留分への対処法として生命保険を活用

　その対策として**生命保険**を使いました。

　生命保険で、どのように遺留分対策をしたのでしょうか。

　地主であるお母さんが亡くなると、多額の保険金が長女と二女に支払われるようになっていました。お母さんは、長男Qに不動産を相続させる代わりに、長女と二女には保険金を受け取れるようにと考えていたのです。

　その保険金受取人を、あえて長女と二女から長男Qに変更したのです。

　それはなぜか。

　保険金は受取人固有の財産となります。つまり、法律上（民事上）はお母さんの財産ではなく、受取人の長男Qが、元々持っている財産のように扱われるのです。ですから、**相続財産ではなく、遺産分割協議の対象でもありません**[2]。

　「それはおかしい。保険金にも相続税がかかっているではないか」とおっしゃる方がいるかもしれません。

　しかし、それは税金の話です。**税金を計算する上で保険金は、「みなし相続財産」とされます。**みなし相続財産とは、民事上は相続財産ではないけど、税務上は相続財産とみなしますよ、とい

2　ただし、相続財産の多くを保険料とした場合、保険金を特別受益と認定され、持ち戻し（相続財産とされる）となった判例もあるので、金額については注意が必要です。

126

うものです。法定相続人が受け取った保険金から一定額（法定相続人の人数×500万円）を控除して、残った金額が相続税の対象となります[3]。

このように、保険金については、税務上の取扱いと民事上の取扱いが異なるのです。

保険金は、みなし相続財産として相続税の対象となっても、民事上の相続財産ではないので遺産分割協議の対象とはならず、遺留分の対象にもならないのです。

8 保険金は相続財産ではない

先に述べたように、保険金は、民事上は相続財産ではありません。

地主であるお母さんは、不動産を長男Qに集中させる代わりに、多額の保険金を長女と二女が受け取れるようにしていました。しかし、そのままでは、長女と二女は相続財産ではない保険金を受け取った上、さらに長男Qに遺留分の請求もできることになるのです。

そうならないために、保険金の受取人を長男Qに変更して、長男Qが受け取った保険金から長女と二女に遺留分としてお金を渡せるようにしました。

長女と二女から遺留分を請求されたときに、現金が少ないと相続した不動産を処分するなどして現金を用意せざるを得ません。それを避けるためには長男Qが現金を持っておくことが必要な

3 　契約者＝被保険者＝被相続人（母）、保険金受取人＝法定相続人（長男や長女、二女）という契約形態の場合、控除が適用されます。

第4部　ケース別にみる経営者の認知症対策

のです。長男Qが保険金を受け取り、そのお金で長女と二女に遺留分を支払う仕組みにしたのです。

　もし、遺留分を請求してこなくても、不動産を相続した代わりに長女と二女にお金を渡す（「代償交付金」といいます）こともできるのではないでしょうか。

　また場合によっては、保険金の受取人を長男Qに変更した上で、「長男Qから遺留分相当額を長女と二女に渡す」という内容で遺言書を作り直すという選択肢もあります。

　このように、地主であるお母さんの判断能力が、しっかりしている間は、いろいろな相続対策や相続税対策をすることができるのです。

　今回は、お母さんが建築途中に認知症が進行することはなく、無事にマンションも完成しました。任意後見をしていたおかげで、建築業者も長男Qも安心して建築を進められたと喜んでいました。

　任意後見という「頭の保険」を準備しておいたおかげですね。

ケース2

2 後継者のいない経営者が
任意後見で企業防衛

顧問社労士：社長。社長は身内もいないし、後継者もいないので、将来、廃業するとおっしゃっていましたよね。

社長R：確かにそのつもりです。従業員もいるし、お客さんや取引先には迷惑をかけられないので、5年くらいかけてゆっくり会社をたたんで、その後は、今までやりたかった風景画を描きながら日本中をまわる生活をしようと思っていますよ。

顧問社労士：実はそのことで、社長に申し上げたいことがあるのです。

社長R：何でしょうか？

顧問社労士：実は最近、私のいとこが認知症になって、いろいろ大変だったのです。そのいとことは何十年も連絡を取ったことがないのに、突然、社会福祉協議会というところから連絡が来たときはビックリしました。そのときは、成年後見という制度を使うことになったのですが、そのゴタゴタを経験したら、社長のことが心配になりまして。

社長R：何が心配なのでしょうか？

顧問社労士：身内のいない社長が、万一認知症になったら廃業どころの話ではなくなりそうなんですよ。

社長R：おいおい、驚かさないでくださいよ。廃業どころではないとはどういうことですか？　それにすぐに認知症になる

129

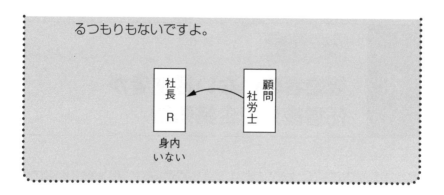

1　後継者のいない経営者の問題

　社長Rは、裸一貫で会社を立ち上げて、経営を軌道に乗せてきました。しかし、年齢が75歳を超えてきて、そろそろ引退を考えるようになりました。

　社長Rには子どもや配偶者はおろか、さらに兄弟やおい、めい、いとこなどの身内がまったくいません。そして従業員にも会社を継ぐ人はいないので、80歳を目安に会社をたたむつもりでした。

　長年顧問を務めてきた社会保険労務士（社労士）は、このままでは問題が生じかねないと考えました。

　それは、その社労士が最近経験した、いとこの成年後見の手続きがきっかけでした。何十年も連絡を取っていなかったいとこが認知症になり、そのときとても大変な経験をしたのです。

2　成年後見の苦い経験

①疎遠のいとこが認知症に――「なぜ私に連絡が？」

　その社労士は、小さいころ近所に住んでいた年の離れたいとこ

に、よく遊んでもらいました。しかし、いとこが大人になり、転勤などで縁が切れていました。

ところがある日、いとこの住所地の社会福祉協議会（社協）から連絡が来ました。そのいとこが認知症になっているので成年後見の申立人になってほしいとのことでした。

いとことはいえ、子どものときから数十年も会っていません。なぜ、いまさら自分のところに連絡が来たのか不審に思い、電話をくれた担当者に理由を聞きました。

②成年後見の申立人になった理由

子どものころ以来会っていない、いとこの成年後見の申立人になってほしいとの依頼が、なぜ自分に来るのか。

成年後見は、すでに判断能力が衰えた人のために、後見人の選任を家庭裁判所に申し立てる制度です。本人は、自分で申立てができない状況ですから、誰かが申立てをしなければいけません。

成年後見は、認知症になると自動的に始まる制度ではないのです。**成年後見の申立てができるのは、原則として四親等内の親族です。**

親子なら一親等、兄弟は二親等、おいやめいは三親等、いとこ同士なら四親等です。だから、四親等である社労士のところに電話がかかってきたのでしょう。

本人に四親等内の親族がいない場合や、親族に信頼できる人がいない場合、あるいは、親族に世話をかけたくないという人や、親族間に争いがあり協力してくれないという場合などは、成年後見の申立てをしてくれる人が「親族には存在しない」ことになります。今や、80歳を超えると2人に1人が認知症になるといわ

れています[4]。

　いわゆる高齢の「おひとり様」などの四親等内の親族のいない人は、認知症になっても、成年後見を申し立てる人がいないのです。そうすると、自分だけでなく、周りの人も困ります。

③四親等内の親族が申立人になることができる

　そのいとこは、結婚したのですが、子どもができる前に離婚しました。一人っ子で兄弟もいないため、おいやめいもいませんでした。離婚後は、生涯独身だったようで、自宅マンションと数千万円の財産がありました。

　その後、認知症になってしまい、社協に相談があって親族を探した結果、いとこである社労士に連絡が入りました。社労士は、長い間付き合いもなく、「今さら言われても……」と断りました。すると、その社協の担当者は「四親等内の親族は、唯一あなただけです。せめて、申立人として名前だけでも貸してもらえませんか」とお願いされたのです。

　そのいとこには、社労士以外に四親等内の親族がおらず、成年後見の申立人になってくれる人が他にいなかったという事情があったそうです。

④後見人がいなければ生活費すら払えない

　結局、その社労士がいとこの成年後見の申立人になりました。その後、専門職が後見人に選任されて事なきを得ました。

　それまでは、いとこの銀行口座には数千万円の残高があるにも

4　「日本における認知症の高齢者人口の将来推計に関する研究」（2014年度　総括・分担研究報告書　二宮 利治　より）

かかわらず、医療費はおろか、施設の費用や日常の生活費も払えない状況になっていました。成年後見人が付いたことにより、滞っていた支払いもできるようになりました。

もし、社労士が、いとこの成年後見の申立人を断っていたとしたら……。銀行口座には数千万円が眠ったまま、誰も手を付けられず、いとこは充分な医療や介護も受けられなかったことでしょう。

認知症になり判断能力がなくなると、後見人が付くまで、誰も財産に手を付けられなくなってしまうのです。

3 任意後見の必要性

社労士は、自分自身の経験から「社長が事故や病気で、そのまま認知症にでもなったら、**廃業どころか、成年後見の申立てもできなくなってしまう。**ましてや、見て見ぬ振りもできないほど長い付き合いだし……」と考えました。

そこで任意後見の説明を社長Rにしたところ、ぜひ頼むということになり、社長Rと社労士の間で任意後見の契約を締結したとのことでした。

それから数年後、社長Rは認知症になってしまいました。

すでに会社は閉じた後だったので、会社の従業員や取引先には迷惑をかけずに済みました。

しかし、社長Rの生活があります。

社長Rは、今は施設に入っています。普段の生活は施設の人がやってくれますが、**生活費や施設の費用の支払い、施設との契約や、年金、保険関係の手続きは施設の人ではできません。どうしてもそのような法律的な手続きをする人が必要になるのです。**

133

第４部　ケース別にみる経営者の認知症対策

社労士と任意後見契約を結んでいたので、社労士が社長の任意後見人として、そのような手続きを行うことができます。

ただし、**正式に任意後見人となるには、任意後見を発効させる必要があります。**

4　任意後見の発効とは

任意後見契約は、本人の判断能力がしっかりしている間に将来の任意後見人である受任者を決めて契約しておきます。 そして将来、本人が認知症などで判断能力が衰えたら、契約を発効させる制度です。本人が認知症になったら、事前の契約で決めていた内容どおりの財産管理や法律行為を、任意後見人が本人に代わって行うことになります。

しかし、本人の判断能力が衰えた状態では、自分自身で任意後見人の仕事ぶりをチェックすることはできません。そこで、**家庭裁判所に監督人を選んでもらい、その監督人のチェックのもとで後見人は業務を行うことになります。**

その任意後見の監督人を選んでもらうことを「**任意後見が発効する**」と表現します。

自分がしっかりしているときに契約しておいて、いざというときに任意後見が発効する。その任意後見人の行っている業務は、自分に代わって任意後見監督人がチェックしてくれる。

このように、もしも認知症になったときと、その後のチェックをしてくれる監督人という二重のリスクヘッジの仕組み。死亡や病気に備えた生命保険事故や災害に備えた損害保険と同じように、認知症などの判断能力の衰えに備えた「頭の保険」。それが任意後見なのです。

134

2　後継者のいない経営者が任意後見で企業防衛

5　任意後見の発効の手続き

　実際に、本人が認知症などを発症してしまった場合は、具体的にどのような手続きが必要なのでしょうか。

　任意後見が発効する際に、裁判所から「任意後見監督人」が選ばれます。監督人は、任意後見人を監督することに加え、監督した内容を、家庭裁判所に報告するのが仕事です。そのため、裁判所が「監督人を選任した」という審判が出て、初めて任意後見の契約が「発効する」という仕組みになっています。

　すべての人の判断能力が衰えるわけではありません。監督人という存在が、本人の判断能力が衰えたときに初めて出てきます。

　本人の判断能力の衰えを確認するために任意後見監督人の選任の申立書には、医師の診断書を添付することになっています。

　そして監督人が家庭裁判所から選任されると任意後見が発効します。これで、社労士は社長Rの任意後見人として正式に様々な手続きができるようになります。

6　任意後見は認知症に備えた「頭の保険」

　四親等内の親族がいない社長Rは、認知症になってからでは、成年後見の申立てができません。そうすると、廃業手続きどころか普段の生活で必要な支払いや各種手続きが、誰もできなくなってしまいます。

　成年後見の申立人がいないときは、市区町村長が、申立てをしてくれるのを期待するしか方法がなくなってしまいます。

　しかし、今回は、事前に任意後見契約をしていたためそのような事態にはなりませんでした。

第4部 ケース別にみる経営者の認知症対策

　認知症に備えた「頭の保険」である任意後見が、まさに役に立った事例ですね。

コラム6　本人のための任意後見人となるには

　実際に監督人が選任されて、さあ任意後見人として後見を始めましょうとなれば、監督人との連携が大切になってきます。

　本来、監督人への報告は事後でいいはずです。しかし、事後の報告の際にその判断が間違っていたとか、すべきでなかったと監督人から言われると困ることになります。そのため本人の高額な財産を処分する前や、本人の住まいの変更前、本人の環境が大きく変わるときなど、まずは監督人に報告します。

　また、後見人が後見業務を一時的にできない状態（入院をして連絡がつきにくい、利益相反で法定代理人になれない、など）になった場合、監督人が後見人に代わって後見業務を行うことになります。

　監督人が実際に業務について指示をすることはまれですが、後見人が行ったことについて後日、是非を問われることになります。よって、本人が希望していたことでも代理権目録の書き方によっては、監督人が了解しないこともあるかもしれません。そのため契約書は監督人を意識したものを作成することになります。

　本人の意思をできるだけ反映しながら監督人にも認められるような契約書を作り、監督人との良い関係を作っておくことが、後見業務のやりやすさのポイントにもなると思います。

ケース３

3

複数の任意後見契約で
リスクを回避

　会社の承継後、会長Ｓが高齢になってきました。そこで息子
Ｔと娘Ｕの２人が、任意後見の契約をしようとしています。司
法書士が来たようです。

> **会長Ｓ（父）**：うちは自社株を、跡継ぎの息子である今の社長に
> 全部移しました。遺言書も作りました。公正証書でね。そ
> れなのに、まだ後見人を付ける必要がありますか。
>
> **司法書士**：会長、まず遺言についてですが、遺言は、会長が亡く
> なった後の財産をどのように分配するのかです。それを、
> しっかり決めて公正証書で作られたのは、素晴らしいと思
> います。
>
> **会長Ｓ**：私の先代も遺言書を書いていました、遺言書は書くもの
> だと思っていました。嫁さんも一緒に作りました。
>
> **司法書士**：なるほど、さすがです。ですが、会長が生きている間
> に認知症などになったら、会長のお金の管理などはどうす
> ればよいのでしょうか。
>
> **会長Ｓ**：私の通帳は、嫁さんがにぎっとります。今でも好き勝手
> にやってますよ。ハハハ。
>
> **司法書士**：それは会長がしっかりしているから、会長の許す範囲
> で、できているだけだと思いますよ。会長の判断能力がな
> くなったら家族が銀行に行っても、代理でお金を触らせて
> くれなくなりますよ。

137

第4部　ケース別にみる経営者の認知症対策

社長T（息子）：会長、先月、鶴亀銀行の定期が満期になったとき、松竹信金に移し替えたでしょ。最初、母さんが行ったけどさせてくれなくて、私が代わりに行って、銀行から会長に電話をしてもらってやっと解約できましたよね。会長が電話で銀行と話せなくなったら終わりですよ。

司法書士：以前と違って金融機関は、家族が行っても本人の意思確認ができないと、通帳からお金を出させてくれない時代です。会長が認知症になったとたん、会長の全資産はロックされたのと同じになりますよ。

社長T：この前、決算の時に税理士が来たので、この話をしたのですよ。すると税理士から、会長は、けっこうな預金がありますし、賃貸アパートも持っているから、今の間に「任意の後見人」を決めておきなさいとアドバイスしてくれました。

司法書士：そうなんです、その税理士の紹介で、今日は、私がお伺いしました。

会長S：そうでしたか。しかし、後見なんて私が認知症になってから考えたらよいことではないですか。

U（長女）：お父さんダメよ。しっかり準備してもらわないと。私たちは心配なんだから。

司法書士：心配だと思います。会長が、認知症になってから後見人を選ぶとしたら、誰が後見人になると思いますか。

会長S：それは、息子か娘だろう。子どもなんだから……。

司法書士：それは、まずあり得ません。会長のことを何も知らない、見ず知らずの司法書士か弁護士でしょうね。

会長S：そうなのか？

司法書士：会長のような資産家で、子どもが後見人に選ばれることはまずないと思います。

社長T：会長、そんなことになったら困ります。この際、私と妹

3　複数の任意後見契約でリスクを回避

が会長の後見人になれるように公正証書を作っておきたいのです。
U（長女）：私もしっかり準備しておいてほしいです。
会長S：確かに、お前たち2人が後見人になってくれたら安心だな。兄妹仲良くやってほしいしな。

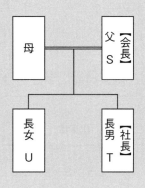

1 相続対策だけでは不十分なこと

あるよく晴れた日の午後、その会社の会議室で打合せは行われました。参加者は、会長Sと、後継者で息子の社長T、長女U、そして、司法書士の4名です。司法書士はその会社の顧問税理士からの紹介です。

「うちは、事業承継はしっかりやっとりますよ。」

高齢になってきた会長Sは、綿密な事業承継を実行していました。息子のTを後継者として時間をかけ育て上げ、社長の座を譲りました。そして、持っていた株も息子のTに生前贈与しました。そして、個人名義の不動産や金融資産を、自分の相続後誰に渡すかを公正証書の遺言で決めておきました。相続税の納税

第4部　ケース別にみる経営者の認知症対策

資金についても十分に準備してありました。

　ここまでしておけば、会社の経営者としての事業承継は十分と考えられるかもしれません。

　しかし、それでも足りない部分があるのです。

　ここまで読まれている読者の皆さんはもうお気づきでしょう。

　そうです。会長Sが認知症になってしまうと、会長Sの個人資産に手が付けられなくなってしまうのです。

■4-1　認知症になると個人資産に手が付けられない

元気	認知症	死亡
自分で管理	どうするか？	遺言で対応

　司法書士は会長Sと社長T、長女のUに説明しました。

　「特に困るのが金融機関の口座からの預貯金の入出金です。判断能力が衰えると口座の名義人の預貯金の出金や、定期預金の解約を受け付けてもらえません。」

　しかし会長Sが反論します。

　「以前は、家族の者が行けば銀行は対応したじゃないか。」

　司法書士が応えます。

　「確かに以前はそうだったかもしれません。しかし現在は、本人確認が厳しくなりそのような対応は難しくなっています。」

　確かに、会長Sも、妻が代わりに満期になった定期預金を解約に行っても受け付けてもらえませんでした。そこで、銀行から

140

会長Sに電話をかけてようやく定期預金の解約を受け付けてもらえました。

　もし、このとき会長Sの判断能力が衰えていて、電話口で明確に本人確認ができなかったらどうなるでしょうか？　最悪、通帳がロックされることがあります。

　そうなると大変です。裁判所に行って成年後見人を選任してもらうことが必要になります。

2 裁判所は親族を成年後見人に選ばない

　判断能力がなくなった人の代わりに、様々な手続きを行う成年後見人は、家庭裁判所が選任します。問題は誰が選任されるかです。現実には、子どもなどの親族が選ばれることはあまりありません。10人中7人は、司法書士や弁護士のような専門職後見人が選ばれています。

　親族が選ばれるケースは、親族が後見人になることを家族がみんな納得していて、財産があまりない人です。

　家庭裁判所も、家族が身内の愛情で後見業務をしてくれるのが一番よいと十分に理解しています。しかし、親族を成年後見人に選んだときに、その親族後見人が親のお金を使いこんだ場合、後見人でない他の親族が家庭裁判所に対して、監督不足だと訴訟を起こすことがあります。それを避けるために家庭裁判所は、親族を成年後見人に選ぶことを避ける傾向にあります。

　特に、資産家の方は、使い込まれたときの額が大きくなるだけに、親族後見人が財産を使い込むことを心配しています。そのため、親族が成年後見人に選ばれる可能性は低いと考えられます。

　冒頭の会話の最後のほうで、司法書士からの「会長のような資

141

第4部　ケース別にみる経営者の認知症対策

産家で、子どもが後見人に選ばれることはまずないと思います」という文言は、このようなところから出てきます。

　そうすると、何も対策をしないで会長Ｓが認知症になると、まずは資産が動かせなくなります。次に成年後見人を付ける手続きをすると、弁護士や司法書士のような専門職が、後見人に選ばれてしまうのです。

　それ以降は、専門職である成年後見人が、会長Ｓのすべての資産を管理することになるのです。これは、会長Ｓが亡くなるまで一生続きます。しかも、会長Ｓの資産は会社のために使うことができません。生活費や医療費、介護費など、会長Ｓのためだけに使うことが基本となります。会社はもちろん、会長Ｓの家族のために使うことすら難しくなるのです。

　会長Ｓや後継者の社長Ｔも、「それは困る」とのことで、成年後見を避けるための選択肢の検討を始めました。

３　高額な預金は裁判所が管理

　司法書士は説明を続けます。

　「成年後見では、親族を後見人に選任するとき、日常的な生活費や入院費などの緊急用のお金として200〜300万円残して、それ以外は信託銀行に預けさせるように家庭裁判所が決定することがあります。これは『後見制度支援信託』という制度です。」

　「それはどういう制度でしょうか？」

　不安そうに社長Ｔが質問します。

　「実は、成年後見人が、お金を不正流用する事件が跡を絶たないのです。司法書士や弁護士の不正流用はマスコミで話題になりやすいのですが、実際の不正流用のほとんどは親族後見人なので

142

す。そのため、**親族が後見人になったときは、日常的な生活費や入院費などの緊急用の数百万円のお金以外はすべて信託銀行に預けさせるようにしているのです。**」

「後見制度支援信託」とは、本書で紹介している「家族信託」とはまったく別の制度です。似て非なるものですから注意してください[5]。

認知症患者が増加の一途をたどっているのは、皆さんもご存じのとおりです。

親族の不正流用は、まさに後見人という制度の信用を揺るがしかねない問題だと裁判所は考えています。しかし、裁判所は、不正防止のために、人をどんどん増員するわけにはいきません。

それに、一度横領されてしまったものを取り返すことも、とても難しいです。

そこで、未然に防ぐために、一定以上のまとまった財産を、裁判所の管理下におくことで守ろうとしています。そのために、この「後見制度支援信託」という制度ができたのです。

この信託された財産の払戻しや解約には、裁判所が発行する書類が必要になります。信託銀行が、本人の財産を管理して成年後見人に自由に引き出しをさせないことで、財産を守る仕組みです。後見制度支援信託の導入は、裁判所の人員不足、未然に成年後見人の不正を防ぐという二つの理由で、仕方がなかったのかもしれません。

後見制度支援信託は、新しく成年後見人を選任する場合だけでなく、既に親族が成年後見人として活動している場合も、信託銀

5　http://www.courts.go.jp/vcms_lf/210034.pdf
　「後見制度において利用する信託の概要」（家庭裁判所）

第4部　ケース別にみる経営者の認知症対策

行等への資産の移動を指示されている人が増えています。

2012年から始まって、2017年末までの6年間で、約1兆円ものお金がこの制度で信託銀行に移され家庭裁判所に管理されています。別の言い方をすれば、凍結され簡単には動かせないお金がこれくらいあるということです。

4 任意後見のメリットとは

成年後見は、次のような不自由さがあります。

・成年後見人に誰が選ばれるか自分ではコントロールできない（第三者が選ばれることが多い）。
・会社や家族のために資産を活用することが難しくなる。
・後見制度支援信託により、生活費で当面必要な金額を超える部分は、事実上凍結されてしまう。

これらのことの説明を受けた会長Ｓは、認知症対策のため、任意後見の導入を決めました。任意後見は、事前に対策をしておく必要がありますが、その分、大きなメリットがあります。

任意後見のメリットの一つ目は、**誰を後見人にするか自分で決めることができること**です。

任意後見は、認知症に備えたい委任者と、そのとき後見人になる受任者の2人で行う契約です。公証役場で契約書を作ります。つまり、誰を後見人にするかをあらかじめ決めておくことができるのです。

メリットの二つ目は、**資産の使いみちをあらかじめ決めておくことができること**です。成年後見では、基本的には本人のためし

144

か資産を使えません。それも、現状維持の範囲に限定されます。しかし、任意後見なら、ある程度の制限はありますが、会社のために使うとか家族のために使うことが可能です。さらに、現状維持を超えた範囲の使い方も工夫次第では可能になります。

　メリットの三つ目に、**後見制度支援信託の対象にならないことです**。200～300万円だけ手元に残し、後は信託銀行に預ける後見制度支援信託は、成年後見の金銭（預貯金や現金）だけです。**任意後見には、適用がありません。任意後見契約をしておけば、裁判所の指示で信託銀行に財産を管理されないで済みます。**

　このように任意後見には様々なメリットがあるといえます。

5 任意後見なら複数後見も可能

　会長Ｓには、子どもが2人いるので、2人とも任意後見人にしたいとの意向でした。

　任意後見では、複数の後見人候補者と契約することにより、後見人を複数置くことも可能です。

　複数後見の契約は、どのような場合にするのでしょうか。

　まずは、**後見人同士がお互いにチェックをしてほしい場合**です。兄弟のうちの一人だけが、親のお金を管理してブラックボックスになるという心配がありません。ブラックボックスにならないことで、兄弟で揉めることを避けられます。

　次に、**後見人に万一のことがあっても対処可能にしたい場合**です。年齢が若いといっても、命に順番はありません。任意後見人が一人の子どもだけで、その子どもが、事故や病気で亡くなったりしたら任意後見人がいなくなってしまいます。そのため、片方の後見人がいなくなっても、契約を継続させることができるよう

第4部　ケース別にみる経営者の認知症対策

に複数の後見人が存在することがリスクヘッジになるのです。

　このように、いろいろな選択肢から選ぶことができるのも、判断能力がしっかりしている間だけです。

6 任意後見は成年後見に優先する

　任意後見契約は、法務局に登記されます。その理由は、任意後見人が代理権を行うことができる範囲を公に示すためです。

　さらに、もう一つ大きな理由があります。

　成年後見（任意後見でなく）の申立書には、法務局の「登記されていないことの証明書」が添付書類になっています。これは、任意後見の契約がされていないことを、家庭裁判所が確認するためです。なぜなら、**「任意後見が成年後見に優先する」**と法律で定められているからです。任意後見契約があれば、原則は、成年後見人を選任しないという仕組みになっているのです。

　このように、任意後見契約は、成年後見に優先します。ですから、他人に財産を管理されたくない人は、任意後見の契約をしておくべきです。

　自分の子どもなどに後見人になってほしいと考えている人は、必ず任意後見契約を公正証書で作成しておくことが必要です。

7 会長Ｓの対応策──複数後見の契約

　資産家の一族というのは、他人に財産を管理されることを嫌う傾向がみられます。

　会長Ｓはじめその家族も、第三者の成年後見に財産を管理さ

3　複数の任意後見契約でリスクを回避

れるのは、絶対に避けたいとのこと。親子間の任意後見の契約を
することになりました。

　また、会長Ｓは後見人が一人だった場合にその子どもが不慮
の事故などで、任意後見の業務ができなくなった場合のことを心
配されました。

　この場合は、「成年後見に移行することになります」と回答し
たところ、「それは困る。成年後見になるリスクは、できるだけ
避けたい」ということでしたので、子ども2人と任意後見の契約
をして複数でリスクを回避することになりました。

　そのため、父親と子ども2人で任意後見の契約書を作成しまし
た。

8　第三者が監督する

　今回の事例でも、**任意後見が発効したら任意後見監督人が関与
します**。子どもたちが財産の管理状況を監督人に定期的に報告す
る必要があります。任意後見監督人は司法書士や弁護士等の専門
家がなります。家庭裁判所が選任します。

　本人以外の人が財産の管理をするので、本人に代わって任意後
見人を監督する人が必要です。任意後見制度は、そのような立て
付けになっています。ある意味、煩わしいとも考えられますが、
第三者が監督してくれるので安心できる制度設計になっていると
もいえます。

　**任意後見は、本人のことを知らない第三者が直接財産を管理す
るわけではありません。監督人は付きますが、自分の選んだ人が
財産を管理してくれる制度**です。

　自分のことを知らない第三者に財産を管理されたくない人や、

147

第4部　ケース別にみる経営者の認知症対策

自分の思うように生活を送りたい、そのためにお金を使いたい人にとっては、利用する価値のある制度でしょう。

コラム7　　監督人として感じること

　専門家が任意後見の受任者として、任意後見契約を締結することがあります。本人が認知症などで判断能力が衰え始めると受任者として、家庭裁判所に、任意後見の監督人を選任してもらうことを考える必要があります。

　裁判所が、任意後見監督人を選任すると任意後見人である専門家は、監督人からチェックを受ける立場になります。

　逆に専門家として、監督人となってチェックをする側にまわることもあります。

　任意後見の監督人になることが多いのですが、まれに、成年（法定）後見人の監督人になることもあります。

　任意後見の場合は、監督人の存在は必須ですから違和感なく引き受けられます。

　ところが、成年（法定）後見の場合は、監督人の存在は義務ではないのに、家庭裁判所からオファーが来ることがあります。

　裁判所は、成年（法定）後見人を直接監督しているのにもかかわらず、さらに監督人を選任するのですから、何らかの理由があるのです。例えば、成年（法定）後見人が、感情的になっているとか、忙しくて書類の作成や提出をしてくれないなどです。

　そのため、成年（法定）後見の監督人の依頼が家庭裁判所から来たときは、心して引き受ける必要があります。

	ケース4
4	**家族信託と任意後見、遺言を設定してM&Aを成功**

　後継者がいないため、今後の事業継続のためにも友好的M&Aを控えているV工業株式会社。その会社の社長の妻Wから、司法書士宛に夜遅くに緊急の連絡が入りました。

妻W：先生、夜分遅くすみません。今お電話大丈夫でしょうか？

司法書士：今、懇親会が終わったばかりで、少しお酒が入っていますが、それでもよければ大丈夫です。

妻W：ありがとうございます。大変です。夫が、社長が倒れました。

司法書士：えーっ！　何ですって？！　社長は大丈夫ですか？

妻W：大丈夫です。おかげさまで、今は、意識は戻っています。

司法書士：ああ〜、よかったです。

妻W：でも、社長は話ができる状態ではないですし、当分退院もできそうにありません。来月に迫ったM&Aの株の譲渡契約ですが、このまま進めても大丈夫でしょうか。

司法書士：それなら大丈夫です。株を息子さんに信託していますし、任意後見も息子さんと契約していますので。

妻W：社長を見ていたら私のことも心配になってきました。私も万一のことがあったら大変ですので、私も持っている株を息子に信託したほうがいいと思いますが、いかがでしょうか。

司法書士：そうですね。万一に備えてしていたほうがいいかもし

れません。それでは明日、またお電話しますがよろしいでしょうか。
妻W：よろしくお願いいたします。それにしても、事前に対策をしておいて本当によかったです。

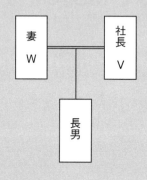

1 後継者のいない経営者の判断

　V工業株式会社（V社）の社長は、後継者がいないため会社を第三者に引き継いでもらう決断をしました。信頼できる相手に会社を任せたい。会社を引き継ぐ相手を、自分で選ぶ友好的なM&Aです。これにより、事業、従業員やその家族、取引先などを守ることができるのです。勇気をもってした経営判断です。

　事業承継、つまり社長の代替わりは経営判断の中でも最も難しいでしょう。この判断を誤れば、あっという間に会社は衰退することもあります。
　戦国武将でも明暗は分かれました。武田信玄と徳川家康です。
　戦国武将で最強と恐れられた武田信玄。彼は後継者選びを避け

ました。信玄は家督を継いだ四男の勝頼を後継者として指定することなく亡くなります。その後、勝頼は武田家をまとめることができず、織田信長に敗れ、信玄の死後わずか9年で武田家は滅亡します。

一方、天下を取った徳川家康。家康は、積極的な世代交代の決断をしました。天下を取り、征夷大将軍になったわずか2年後に、三男の秀忠に将軍の座を譲りました。つまり、ここで事業承継の決断をしたわけです。おそらく勇気を持ってした決断と思います。その後、家康と秀忠は二人三脚で徳川幕府の礎をしっかり築きます。そしてその後、徳川家は15代、260年にわたり繁栄していきました。

人間には寿命があります。企業がこの寿命を超えられるかは、事業承継の決断ができたかどうかです。決断には勇気がいるはずです。戦国時代でも明暗は分かれました。あなたの周りの会社でも明暗が分かれた会社があるのではないでしょうか。

2 認知症になるとM&Aの契約ができない

「自分ではしっかりしているつもりだけど、忘れるんだよね。」

V社の社長は、M&Aの決断をしましたが、心配なことがありました。最近、物忘れをするようになったのです。社長の妻Wも、万一、夫である社長がこのまま認知症になり、判断能力がなくなることが心配でした。

M&Aには時間がかかります。決断してから任せられる相手が見つかり、M&Aが正式に成立（株の譲渡契約）するまでには早くて半年、長ければ1〜2年の期間がかかることもあります。そ

第４部　ケース別にみる経営者の認知症対策

れまでに株を持っている社長が認知症になったら……。M&Aの契約ができないことになります。そして、M&Aには多くの人が関与します。相手を探す仲介会社。銀行。法律や税務をチェックする弁護士、税理士など。相手先も買い取る会社のことを十分に調べなければいけません。事業内容、財務内容、人事的な事項、法律的なリスクなど。そのため、成立までにはそれなりのコストがかかります。

　ですから、株の譲渡契約当日に「社長が認知症なので契約ができません」ということは、絶対に許されません。売却するほうもそれなりの対策が必要なのです。

　そこで、Ｖ社の社長夫婦は、顧問税理士を通じて、家族信託を専門とする司法書士に相談してきました。

　その打合せはＶ社の会議室で行われました。社長、妻Ｗ、子ども（長男）、税理士、司法書士の５名が参加しています。

　顧問税理士より説明があります。

　「Ｖ社の株主は、社長が160株、奥様が40株です。Ｖ社はM&Aをすることに決めたのですが、社長に最近物忘れが見られるようです。株の譲渡契約のとき、判断能力がなくなっていると大変です。いろいろ調べましたが、家族信託しておけば大丈夫とのことらしいですが、本当でしょうか？」

　司法書士が答えます。

　「信頼できる人に、社長が持っている株を家族信託しておけば大丈夫です。なぜなら、譲渡契約にサインする人は、社長ではなく株の信託を受けた人だからです。仮に、社長に判断能力がなくなっていても、まったく問題はありません。」

　同席していた社長の長男が質問します。

　「いろいろ調べて、父が認知症になったら成年後見人を付けれ

152

ばよさそうなのですが、それではダメなのでしょうか？」

「成年後見人は、基本的には専門家が付けられます。ある日突然、専門家がやって来て、『私がお父さんの成年後見人に選任された司法書士の〇〇です。つきましては、お父さんの通帳をすべて出してください』と言われることになります。これは嫌ですよね？」

社長の長男はびっくりした様子で応えます。

「え、私や母では後見人になれないのですか？」

「なれない可能性が高いです。成年後見人は家庭裁判所が選任します。特に社長のように資産がある人は、ほぼ間違いなく弁護士や司法書士が後見人に選任されるでしょう。」

司法書士が続けます。

「それに、成年後見人ができることは、基本的には現状維持です。生活費や医療費の支払いや、役所の手続きです。日常生活の範囲ですね。M&Aのように高度な判断が必要なことは、成年後見人では難しいです。それに、専門家は基本的には保守的な人が多いので、M&Aのような高度な判断は避ける傾向にあります。『亡くなるまで待ちましょう』となることもあり得ます。」

妻Wが応えます。

「それでは、会社を売ることができないですよね。」

司法書士が付け足します。

「そうですね。それにもう一つ、任意後見をしておくという方法もあります。しかし、社長が認知症になると監督人が付けられ、監督人の意向によっては、M&Aのような大きい契約に待ったが入る可能性もあります。ですから家族信託をしておく意味があるのです。」

妻Wが考え深そうにつぶやきます。

「M&Aって、いろんな人にお世話になるし、従業員の生活もあるので、自分たちだけの問題ではなくなってきました。みんなに迷惑をかけないようにしたいですね。」

③ 現状を維持しつつ、万一の時にも対処できる方法

　その後、V社の社長は、長男に自分の株を信託することにしました。そうすることにより、仮に社長が認知症になっても、M&Aにおける株の譲渡契約は長男が手続きを行います。

　信託された株が売却され、お金になったあとも、長男が管理します。そして、社長が亡くなった後、お金は妻Wと長男で半分ずつ受け継ぐように設定しました。

　また、社長の個人資産の管理のために、任意後見も契約しました。そうすることにより、信託されていない財産（個人口座）のお金の出し入れで不自由することもありません。

■4-2　M&Aにおける株の譲渡契約

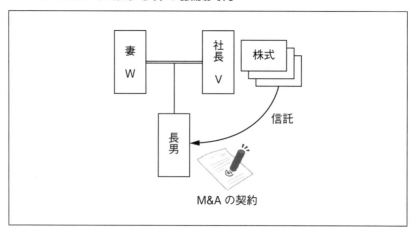

4　家族信託と任意後見、遺言を設定して M&A を成功

　さらに、個人資産の行く末も決めるために遺言を作成しました。

　このように設定することにより、会社の株だけでなく個人資産も含めて、認知症から亡くなった後まで、トータルに管理・承継が可能になります。

　株を社長から長男に信託することにより、名義は形式的には長男に移ります。つまり、社長の財産ではないのです。任意後見は社長本人の所有の財産管理を行うものです。ですから、任意後見に監督人がついても、株は長男に移っているので、監督人の権限が及ばないのです。

　株は形式的に長男に移りますが、社長には長男に対して指図する権利を設定できます（指図権。106 ページ参照）。ですから、これまでどおり、社長は社長業を続けることも可能です。

　現状を維持しつつ、万一の時にも対処できる方法を構築したわけです。

　公証役場で、信託契約、任意後見契約、遺言の三つの作成をし終わったとき、社長が言いました。

　「これで私も安心して物忘れができますね。」

　「お父さん、何言ってるんですか。まだまだがんばってもらわなきゃ、困ります。」

　妻 W は苦笑いしていました。

4 信託契約で自社株の譲渡契約が可能

　それからちょうど 1 年くらいして、V 社から M&A 先が決まったとの連絡を受けました。社長もまだまだ元気とのこと。司法書士は安心しきっていました。

155

第４部　ケース別にみる経営者の認知症対策

「結局、信託をしておかなくてもよかったな。でも、これは結果論だし、備えあれば憂いなしだから。」

その矢先の電話でした。セミが鳴き止まない真夏の蒸し暑い夜のことです。

「先生、夜分遅くすみません。夫が、社長が倒れました。」

社長は、意識は戻っていますが、何を聞いても上の空です。社長の判断ではとても自社株の譲渡契約は調印できません。しかし、信託していたおかげで心配はありません。調印の権限は長男に移っています。

緊急にM&A関係者の間で会議が開かれました。

居心地がいいV社の会議室とは裏腹に、参加者は緊張した面持ちです。

社長の妻W、長男、メインバンクの銀行の担当者、M&Aの仲介会社の担当者、顧問税理士、そして司法書士の６名です。

銀行の担当者が切り出します。

「先生、今回の信託について、もう一度説明していただいてもよろしいでしょうか？」

司法書士が説明します。

「社長所有の株は息子さんに信託されています。ですから、譲渡契約は息子さんが署名・押印します。社長の判断能力がなくても、譲渡契約は締結できますからご安心ください。」

「でも、信託したからといって、無条件にそのような権限が移るのでしょうか？」

「信託契約書の第１条に、この信託をした目的が書いてあります。見てください。『M&Aにおいても株の処分が滞りなくされること』と記載されています。これが社長の意思です。社長の意思が第１条に込められているわけです。」

156

4 家族信託と任意後見、遺言を設定してM&Aを成功

「なるほど。そういうことなのですね。」

一同安堵したようでした。

その後、それぞれの法務部、顧問弁護士等で、信託の内容を吟味しましたが、このままM&Aを進めて大丈夫という結論になりました。

夫の姿を見て妻Wも自分のことが心配になってきたとのこと。念のため、妻Wの保有する株も、長男に信託することにしました。

それから1か月後。

M&Aの調印は無事終了しました。晴れてV社は新しいオーナーのもとで、再出発を果たすことになりました。

社長は、後遺症が見られますが、ゆっくりとなら受け答えができるところまで回復しました。M&Aにともなう退職金と株式の譲渡金を得て、金銭的な心配はありません。任意後見と家族信託をしていたおかげでそのお金も凍結せずに、自分や家族のために使うことができます。

妻Wは、社長の介護が大変な様子ですが、会社の仕事から解放され、自分の時間を少しは持てるようになったとのことです。空いた時間を見つけて、自分の趣味にもっと取り組みたい様子です。「私も社長のように任意後見をお願いしようかしら。でもまだチョット早いかしらね」とおどけた様子です。

後継者がいないため、V社の社長はM&Aの決断をしました。そして、自身の判断能力に不安があったため、家族信託と任意後見、そして遺言を設定し、無事M&Aを乗り切ることができました。そして、これらの判断が、自分や家族だけでな

第４部　ケース別にみる経営者の認知症対策

く、事業を守ることができ、結果として従業員やその家族、取引先も守ることができました。

コラム８　相続対策の提案
専門家ごとに違う特有のクセ

　相続対策は、どの専門家に相談したらいいのでしょうか？

　実は、専門家の種類ごとに大まかなクセがあります。それを踏まえて様々な専門家に相談したほうがいいでしょう。

　まずは、税理士。税理士は、**「税金」**（相続税）を念頭に置いた提案が多いようです。生前贈与で資産を家族に移転したり、遺言の内容も二次相続までを考えて最適な相続税になるように計算したりなど。

　次に弁護士。弁護士は遺留分などをしっかり考えるのではないでしょうか。弁護士は依頼人の利益を最大にする傾向があります。他の人はどちらかというと対立する相手。弁護士は将来トラブルになっても**「勝てる」**内容にする傾向があるようです。

　最後に司法書士。司法書士は、とにかく丸く収める傾向があります。**「みんな仲良く」**ですね。弁護士が戦う職種ならば、司法書士はみんなで仲良くを望む職種です。

　番外編は、銀行。銀行の提案は、とかく融資が絡んだり、「運用」という名目で金融商品を勧誘したり。行員の**「ノルマ」**の達成が見え隠れしますね。

　このように専門家には、専門家ごとのクセがあります。そのことを念頭に置いて相談すると自分にとって最適な方法が見つかりやすいかもしれませんね。もちろん、ここでのお話は、人によっては当てはまらない場合もありますので、一つの目安として受け取っていただければと思います。

5

ケース5

経営者名義の不動産を家族信託して新社屋を建築

　月末の金曜午後、Y社の社長Yが、後継者の長男Zと社長室で話しています。

社長Y：会社の建替えの話だが、銀行とも打合せを始めたところだよ。

長男Z：銀行からは何か言われた？

社長Y：本社ビルと敷地に設定されている根抵当権のことで少し検討が必要なようだ。

長男Z：建物は会社名義だけど、土地は親父の名義だよね。

社長Y：実は、司法書士にも相談している。敷地を信託してはどうかと。

長男Z：あぁ、先日説明を受けた信託だね。土地が親父の名義のままだと何か問題があるの？

社長Y：万一、俺が脳梗塞などで判断能力をなくしたら、土地に関して融資の手続きができなくなるのさ。

長男Z：本社ビルの建替えができなくなる？

社長Y：その可能性はある。

長男Z：本社ビルの建替えは、親父の悲願だからね。信託の仕組みを使って、最後までやり遂げたいね。

社長Y：ただし、担保権者である銀行の承諾が必要らしい。銀行も家族信託にあまり慣れていないから、打合せにかなり時間がかかりそうだ。

159

第4部 ケース別にみる経営者の認知症対策

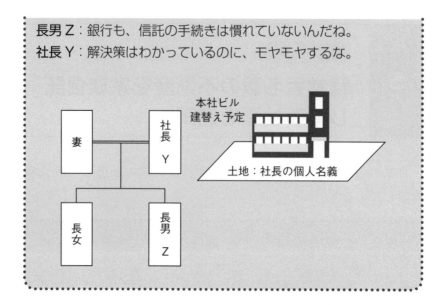

長男Z：銀行も、信託の手続きは慣れていないんだね。
社長Y：解決策はわかっているのに、モヤモヤするな。

1 新社屋の敷地は経営者個人の名義

　社長Yは時代の流れをよみ、常に2～3年後の姿を考えながらY社を運営しています。創業したばかりのころは、資金繰りに苦しむこともありましたが、その後、会社は順調に成長を続けました。

　社長Yも70歳になり、そろそろ引退を考えるようになりました。

　長男のZが会社に入っています。Zは素直で謙虚な性格のため、社内でも取引先からも信用を得ていました。そのため社長YはZを後継者として、事業承継の準備を始めていました。

　一方で、会社の成長にともない、本社の社屋も手狭になってきたので、本社を新築することが、社長Yのここ数年の懸案事項でした。

5 経営者名義の不動産を家族信託して新社屋を建築

　そこで、長男Zを社長に就任させ、社屋も新築することとしたのです。

　しかし、社長Yは先を見る性格です。周りの会社の社長が病気で長期療養したり、亡くなられることを目の当たりにするようになりました。自分が万一倒れても、会社の経営に影響を与えないような手はずを取るべきだと考えています。

　そこで、新社屋建築においては、敷地が社長Y個人名義であることに不安を感じたのです。

2 なぜ不動産を信託するのか

　会社で使用している土地建物が、経営者の名義であることはよくあることです。土地は個人名義、建物だけ会社名義のこともあります。そして、それは、後継者が社長になった後も、そのままです。社長名義の不動産を、引き続き会社が使用しているのです。

　これらの不動産は、事業用資産として、金融機関の担保に入っていることも多いでしょう。

　資金の借り入れのため、根抵当権などの担保権が設定されています。融資を受ける金額を拡大して根抵当権の枠（極度額）を増額する場合や、新規で抵当権等の担保設定する場合など、いずれも不動産の所有者が契約当事者になります。つまり、**名義人である社長個人の署名押印が必要です。**

　担保権変更が必要な際に、社長の判断能力が低下していると、契約ができません。担保に関する手続きができなければ、資金の借り入れが困難です。事業用不動産が個人名義の場合は、不動産に対するリスク対策の検討が必要だと考えられます。

161

第４部　ケース別にみる経営者の認知症対策

その有効な方法が、個人間の信託である家族信託です。

3 不動産を信託するには

　社長Ｙは今回の手続きを相談している司法書士に言いました。
　「実は本社を新築する計画があります。その敷地が私個人の名義になっているのですが問題はないでしょうか？」
　「融資は受けますよね？」
　「もちろんです。銀行からは了解をもらっています。」
　「確か根抵当権が付いていましたよね。極度額、つまり枠を大きくしたりしませんか。」
　「銀行からは極度額を大きくするよう言われています。」
　「そうすると、社長個人で様々な手続きが今後必要になると思います。本社が建つ前に、万一、Ｙ社長が倒れられるとそれらの手続きができなくなり、新築の計画がストップする可能性があります。もちろんＹ社長はお元気ですから、そんなことはほとんど考えられませんが。」
　「しかし、私も75歳です。会社の経営にも関わることですので、その点はしっかりカバーしておきたいです。」
　そこで、社長Ｙは、新社屋の敷地を長男Ｚに家族信託することにしました。委託者兼受益者が社長Ｙ、受託者が長男Ｚです。
　こうしておけば、金融機関の担保の手続きは長男のＺが行います。万一、社長Ｙが倒れても長男Ｚが手続きをするので問題にはなりません。
　しかし、１点問題があります。
　それは、元々敷地に付いている根抵当権です。
　根抵当権や抵当権などの担保が付いている場合、金融機関の承

162

諾なしにその不動産の譲渡はできません。信託も譲渡の一種です。金融機関の承諾なしに所有権を移転することは、約定違反になってしまいます。

■4-3　新社屋の敷地を長男に信託

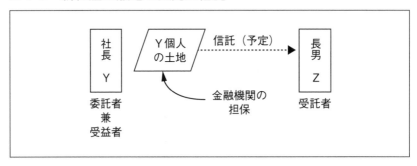

したがって、既存の担保があるために、敷地の信託に当たって、まずは**金融機関の承諾を得る**ことにしました。

社長Yと信託の手続きを依頼している司法書士の2人で銀行に行きました。そして融資の担当者に今回の手続きについて説明しました。

今回の手続きの概要は次のとおりです。

①財産権は移らないこと。
②既存の根抵当権は信託しても影響を受けないこと。
③極度額（枠）を広げる場合や、新たに担保を付ける場合は誰が行うか。
④万一、支払いが不能になった場合、誰に意思確認をして、担保権の実行（競売にかけて売却すること）はどうなるか。
　　　　　　　　　　　　　　　　　　　　　　　　　　　　など

第4部　ケース別にみる経営者の認知症対策

　このような説明と、信託契約書の案も提出して、銀行の稟議に
かけてもらいます。

　銀行も支店ではなく本部の法務部で検討するとのこと。検討
期間は1〜2週間程度ほしいと言われました。金融機関によって
は、ヒアリングも含めて数か月程度必要なこともあります。

　2週間後、銀行の担当者から連絡が来ました。

　「法務部からOKがでました。このまま手続きを進めてくださ
い。」

　これで手続きを進められます。担当者は付け加えました。

　「私もこのような事案に関わることができて、とても勉強にな
りました。」

　銀行の承諾を得たので、**信託契約書の作成**です。

　今回の信託契約書は公証役場で作成します。公正証書です。

　信託の法律上は、公正証書でなくても有効です。しかし、銀行
から「公正証書で作成をお願いします」と言われていました。**実
務上、金融機関が関係する場合は、公正証書で作成することが多
い**です。

4　税金はどうなるか

　公正証書を作成する数日前に社長Yが司法書士に質問しまし
た。

　「**不動産の名義を変える際に、不動産取得税とか固定資産税な
どの税金はどうなるのでしょうか？　また、賃料の所得はどうな
るのでしょうか？**」

　司法書士は答えました。

　「**信託では、設定時に不動産取得税はかかりません。県税事務**

164

所から不動産取得税に関する書類が来た場合は、信託である旨を届けると非課税の処理がされます。また固定資産税は、来年からZさん宛に来ることになります。しかし、社長Yが受益者で賃料収入は今までと変わらず社長Yが受け取りますから、固定資産税は、賃料からお支払いしても大丈夫です。もちろん経費になりますよ。また、賃料収入はY社長のものですので、確定申告はY社長が今後も行うことになります。」

司法書士は続けます。

「つまり、Y社長の認知症のリスクのみを取り払って、税金的に余計に負担することはないです。しいて言えば、登録免許税でしょうか。名義を移すので、登記の時の登録免許税がかかります。それでも、通常の売買と比べると5分の1くらいと、かなり優遇されていますよ。」

「その他にやっておかなければいけないことはあるでしょうか?」

「建物も信託する場合は火災保険の名義変更ですね。今回は建物がないので関係ないですが。それと賃料収入を受け取る口座を作る必要があります。今後は、形式的にはZさんが大家になりますので、賃料はZさんが受け取ります。しかしこれは信託で受け取るもので、最終的にはY社長の収入であることは変わりありません。そのため、信託でお金を扱う場合は、金融機関で信託用の口座を作ることが多いです。これらも、私が今後サポートしますのでご安心ください。」

社長Yが感心して言いました。

「我々は、信託といっても初めて聞いて、素人で何もわからないですが、先生のような信託のベテランが付いていると安心ですね。」

第4部　ケース別にみる経営者の認知症対策

「いやー、私もまだまだ勉強中ですよ。お客様に安心していただけるように勉強し続けなければと思っています。」

その他に必要な手続きとして、確定申告が始まる前に税務署に信託の計算書の提出が必要です。その点は、顧問税理士に直接説明することになりました。

その後、信託の公正証書も作成し、登記も無事終わりました。

完了した書類を返却するときのことです。社長Ｙの妻が話を聞いてほしいと言ってきました。

そのときは、社長Ｙ夫妻、長男のＺ、そして司法書士の４名が同席していました。

妻が切り出します。

「今回の手続きはありがとうございました。おかげで会社の建替えも安心して進められそうです。そこで社長とも話をしているのですが、今回の土地の手続きと一緒に、息子が会社を確実に継げるようにしたいのです。」

次章に続きます。

ケース6

6 事業承継をトータルに考え、後継者が確実に承継

前章から続きます。

会社の会議室には、社長Y夫妻、長男Z、そして司法書士の4名がいます。

社長Yの妻：実は、社長は、昨年脳卒中を起こして入院しました。万一再発して、判断能力がなくなったらどうなるか。今回の土地の手続きと一緒に、息子が会社を確実に継げるようにしたいのです。

司法書士：そうなのですね。万一、社長が病気で倒れて一番困るのは、おっしゃるとおり、判断能力がなくなり、何もできなくなることです。会社の敷地は信託しているので大丈夫なのですが、会社の株が問題になります。社長は今、どれくらい会社の株をお持ちなのでしょうか。

社長Y：たしか、私が70％、妻が20％、長男のZが10％だったと思います。

司法書士：そうすると、万一、社長の判断能力がなくなると役員を決めることができなくなる恐れがあります。役員を決めるには、最低でも3分の1以上、つまり33.4％以上の株が必要です。万一、社長が倒れると、3分の1が確保できなくなります。

社長Yの妻：先生。私たちの願いは、長男が安心して会社を継げるようにすることです。長男も「会社を継いでがんば

る」と言ってくれるようになりましたし。それに、これからは若い人の時代ですから。
社長Y：私からもお願いします。何があっても、長男が安心して会社を継げる仕組みを作っていただけないでしょうか。
司法書士：それでは、トータルで考える必要があります。まずは、決算書をお見せいただいてもよろしいでしょうか。

1 事業承継をトータルで考える

■4-4　トータルで事業承継を考える

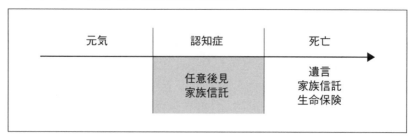

　これまでの事業承継は、社長が亡くなられたとき、後継者にいかに財産を引き継がせるかに焦点が当てられてきました。

しかし、超高齢社会になり、年齢が70代、80代の社長も多く見られるようになりました。そうすると、認知症や病気などで判断能力がなくなるリスクが生じてきます。

判断能力がなくなると、財産を動かせなくなります。会社の株、事業用不動産などが法律上凍結してしまうのです。

これまでの事業承継対策は、社長の認知症リスクについてはあまり考えられてきませんでした。しかし、事業承継をトータルで考えていくなら、この認知症リスクは重要になってきます。

社長Yは、一度脳卒中で倒れたことがあるとのこと。妻は再発を心配していました。もちろん健康には留意して再発しないようにすることは重要です。しかし会社の経営という視点からは、万一再発し、判断能力がなくなったときの備えは企業防衛上、重要でしょう。

社長Y夫妻の望みは、長男Zが安心して会社を経営していける体制を作っておくことです。社長Yは亡くなったときの備えとして遺言を作成されていました。株や会社の土地などは、長男Zに相続させる内容です。しかし、判断能力がなくなったときの備えはされていませんでした。不動産を長男に信託したことが、初めての認知症対策でした。

次は、会社の株の認知症対策です。

2 任意後見と家族信託で、会社と個人を守る

司法書士が言いました。

「**まずは、会社の株を贈与することは検討されたでしょうか？事業承継税制を使えば贈与しても、贈与税が猶予されますので。**」

社長Yはすでに税理士とは相談していました。

第4部　ケース別にみる経営者の認知症対策

「税理士とも相談したのですが、株の評価額が5,000万円程度なので、事業承継税制を用いるのはちょっと負担が大きいそうです。贈与した後も、役所への定期的な報告が一生続きますし。」

「確かに事業承継税制は、その後の手続きが重いですね。であれば、会社の株も家族信託してはいかがでしょうか。そして、任意後見も。認知症対策は、任意後見と家族信託のセットが基本です。」

長男のZが尋ねます。

「それはなぜですか？」

司法書士が答えます。

「家族信託では、カバーできる財産が限定的だからです。信託した自社株や、事業用の不動産は信託でカバーされますが、信託していない財産はカバーできません。特に、生活で使っている預金口座です。万一、社長Yが認知症などで判断能力がなくなると、社長Yの個人口座からお金が引き出せなくなります。その場合、成年後見を利用せざるを得なくなります。」

社長Yがすかさず言いました。

「私の知り合いが認知症になり、成年後見を付けたって聞きました。それまで会ったことがない司法書士が財産をすべて管理することになり、融通がきかなくて大変だって家族が言ってましたよ。その成年後見ですか？」

「そうです。ですから、成年後見を防ぐためにも任意後見をしておくのです。任意後見をしておけば、Y社長が万一、認知症になっても、成年後見人が付いて第三者がY社長の財産を管理することにはなりません。」

司法書士が続けます。

「それに、家族信託では、介護や役所の手続きなどを代行することはできません。そのような意味で、任意後見が必要です。認

知症対策は、任意後見で広く網をかけて、重要な財産は家族信託で深く対応する。これが基本です。」

社長 Y が言いました。

「いやー、それなら、任意後見もお願いしたいです。」

3 トータルな設計が重要

結局、社長 Y のトータルな対策としては、

> ・認知症になったときに会社の経営と家族が困らないようにする。
> ・死亡した際は、長男が経営に関する財産を引き継げるようにし、家族が納得できるように財産を承継させる。

というように、認知症と死亡後の二つに分けて考えました。

①認知症のときの対応

認知症になると、とにかく困ることは財産の凍結です。そのときの財産も、

> ・会社に関係する事業用財産（株や事業用不動産）
> ・個人的な財産（自宅や個人の預貯金）

の二つに分けて考えました。

会社に関係する財産は、会社の経営に直結し、柔軟な使い方ができなければいけません。

そのため、株と事業用の不動産は、長男の Z に家族信託しま

第4部　ケース別にみる経営者の認知症対策

した。

　そうすることにより、社長Ｙが認知症になっても、第三者による監督や指図を排除でき、後継者である長男の裁量で動かすことができます。

　そして、任意後見をしておけば、社長Ｙの預貯金や自宅など、個人的な財産は対応できます。そして、社長Ｙが認知症になっても、成年後見は必要ありません。ただし、任意後見で管理する財産については、裁判所に選任された弁護士や司法書士などの監督人の監督下に置かれることになります。

　このように、**家族信託と任意後見を組み合わせる**ことにより、**事業用の財産と個人的な財産の両方をカバー**できるようになりました。

②死亡時の対応

　社長Ｙの死亡時の方針は、

　・会社の株は長男のＺに相続させる。

　・妻には生活が困らないように自宅とある程度の預貯金、収益不動産（会社に貸している土地）を相続させる。

　・長女には、遺留分を超える財産を用意する。

　・相続税の納税資金も用意する。

の四つです。

　これらを満たすために、**事業用の財産は家族信託で、個人資産は遺言で、さらに遺留分や納税資金のために生命保険も活用する**ことにしました。

　会社の株は家族信託を設定しています。社長Ｙが亡くなった

172

6　事業承継をトータルに考え、後継者が確実に承継

ら、株が長男の Z に引き継がれるように設定しました。

事業用の不動産も信託を設定しています。社長 Y が亡くなっ
たら、受益権（賃料をもらえる権利）を妻がもらえるようにし、
その後、妻が亡くなったら Z に引き継がれるようにしました。
そのようにすることで、社長 Y 死亡後は、妻が賃料を受け取れ
ます。そのとき、妻が認知症になっていても、信託されているの
で管理上問題は生じません。管理者（長男 Z）付きで財産を妻に
移すイメージです。そして、妻が亡くなると最終的には Z に引
き継がれるので、やはり会社としては好ましいでしょう。

次に自宅です。こちらは遺言で対応です。社長 Y が亡くなっ
たら、もちろん妻に相続されるように設定しました。これによ
り、妻は住まいの心配をすることがありません[6]。

問題は相続税の納税資金と長女への遺留分の確保です。

相続税は、顧問税理士の試算によると、2,000 万円程度と予想
されました。また長女への遺留分は 3,000 万円程度になりそうで
した。合計で 5,000 万円です。この金額を現金で用意する必要が
あります。

一方で、社長 Y の手持ちの預貯金は、老後の生活費を差し引
くと 3,500 万円程度用意できそうでした。それでも、1,500 万円
の不足です。

この現金をどう用意するか。

幸い、社長 Y は 1,000 万円の終身の生命保険がありました。あ
と 500 万円の不足です。そこで、さらに 1,000 万円の終身保険に

6　2019 年の民法改正により、配偶者である妻は、自宅については生涯の居住権
　のみを取得することが可能です。つまり、自宅を妻が相続しなくても、遺言や
　遺産分割協議で妻が居住権を取得すれば、妻は自宅に生涯住み続けることが可
　能です。

第４部　ケース別にみる経営者の認知症対策

加入してもらうことにしました。年齢的にも健康状態でも、一時払い（一括で保険料を支払うこと）であれば加入に問題ありませんでした。3,500万円の手持ち資金から保険に加入しますが、賃料収入で多少余裕のあることから、将来的に埋め合わせは可能です。

死亡保険金の受取人は長男に設定です。

なぜ、長女ではないのか。

生命保険の死亡保険金は、受取人の固有の財産とされます。長男が受取人なら元々長男が持っていたお金と法律上されるのです。実際は社長Yからもらった財産ですが、**法律上は社長Yからもらった財産とはされません**。この特徴的な効果を利用するのです。

そして、**長男が受け取った死亡保険金を、遺留分として長女に渡すのです**。逆に長女を受取人にすると、受け取った死亡保険金は長女の固有の財産とされます。保険金を1,000万円受け取っても、遺留分は変わらず3,000万円請求できることになります。ですから、遺留分の対応のための生命保険は、受取人に十分注意しなければいけません。

以上のようにすることで、死亡時の対応も安心できるものになりました。

このように、認知症対策や相続対策は、一つの方法だけでなくあらゆる方法を総合的に取り入れて検討することで、トータルの解決を図ることができます。

4 もう一つの重要な対策

トータルな方法を用いることにより、法的には十分な対応がで

きますが、実は法的でない部分でとても重要な部分があります。

それは、家族のコミュニケーションです。

社長Yの想いや家族の想いを十分に話し合うことです。

実はこれが一番の相続対策といえるかもしれません。仮に法的に完璧な対策であっても、あまりよく思わない家族がいたら何が起こるかわかりません。しかし、家族で十分に話し合うことにより、みんなが納得していれば、多少不備がある対策でもトラブルに発展する可能性は低いでしょう。

社長Yの家族はこれらの対策を作り上げるために、長男のZだけでなく、長女も交えて何度も話し合いを持ちました。もちろん、法的な部分もありますので、司法書士も立ち会って行いました。

このような話し合いを通じて、法的だけでなく感情的にも家族全員が納得できる対応策になったと考えられます。そして、みんなが納得しているので、将来トラブルになる可能性は低いでしょう。

十分なコミュニケーションを取る。

会社の経営でも重要だと思われます。このように、家族間でもとても重要です。

その後、自社株の家族信託と任意後見を長男と契約し、遺言を作成しました。

半年後、社屋も無事完成しました。

春、桜が満開です。新年度が始まると同時に、社長Yは会長になり、Zが社長に就任しました。Y社は新しい社屋と新しい体制でスタートです。

Y会長は今でも元気です。Z新社長のよき相談相手となりながら、二人三脚で会社を運営しています。息子のZ社長も、父親

第4部　ケース別にみる経営者の認知症対策

であるY会長のサポートを受けながら少しずつ社長らしくなってきました。

　いつも数年先を見て、企業防衛を欠かさない経営スタイルはZ新社長にも引き継がれ、Y社は堅調な成長を続けています。

あとがき

　共著者の中で、一番年上なので代表して、あとがきを書かせていただきます。

　2018年の初頭からスタートして1年数か月をかけて4人で書き上げることができました。執筆している途中で時代も令和に変わりました。

　我々は、一般社団法人民事信託監督人協会のメンバーの一員でもあります。この協会は、家族信託が、今後正しく発展し、信託の当事者に寄り添い、長く法的安定を守っていくことを目的として実務家が集まった組織です。

　この本の企画は、協会の理事長であり「いちばんわかりやすい家族信託のはなし」の著者でもある川嵜一夫氏にお誘いをいただいたところから始まりました。川嵜氏の、家族信託と任意後見に強みを持つ実務家が協力して「一般の人にとって本当に役に立つ本」を書きたいという想いに共感して集まったのです。

　東京大学法学部の教授であった樋口範雄先生は、民事信託が法制化される際の委員の一人でもあります。その樋口先生の著書の中で『法定後見』を利用するのは、「自己決定権の放棄である」「精神的能力がいずれ失われる可能性に対し、あらかじめ適切に計画をしていない結果である」「人生のプランニングができるのに、しなかったという人生の失敗を意味する」というような趣旨のことが書かれています。

　手厳しい言葉ですが、我々4人もまったく同意見です。

　特に、会社のオーナーや資産家にとって、人生の最終ポイントに向けての準備をしないことは、本人にも周りの人たちにとっても影響が大きいといえます。

　自分の人生の決定権は、自分自身が持っているのです。その決定権

を具体的な形にするのが任意後見や家族信託であり、遺言です。その使えるはずの制度を使わないことが、自分の人生の終着点の近くでいかなる問題を起こすことになるのかをお伝えし、制度を利用することがとても重要だということを知っていただきたいのです。

　そのため、一般の方が理解しやすいように、平易な言葉を使うことを優先しました。法律的な正確さが犠牲になっている点は専門家からすると、物足りないかもしれませんが、そこは「一般の人にとって本当に役に立つ」という趣旨に鑑みてご容赦ください。

　この本が高齢になった経営者本人や家族、その周りの方にとって役に立つ本になれば望外の喜びです。

メンバーを代表して

勝司法書士法人　代表社員　勝　猛一

著者　略歴

川嵜　一夫　（かわさき　かずお）
認知症による資産凍結を防止するコンサルタント
とき司法書士法人　代表社員　司法書士
民事信託監督人協会代表理事

高校3年の時、父の会社が倒産し、両親が離婚。大学進学を断念。家族のために昼も夜も働く。少しずつお金を貯めて22歳で、日本大学に進学。卒業後は、東京のコンサルタント会社に就職する。帰郷をきっかけに司法書士を目指す。受験期間中、新潟・福島豪雨（2004年7.13水害）で、家財と勉強道具の一切を失う。しかし、妻の支えもあり、翌2005年に司法書士合格。現在に至る。本人は「挫折をバネにがんばる！」と笑う。
家族信託の第一人者であった河合保弘氏に師事し、家族信託を駆使した認知症対策、事業承継対策を得意とするようになる。著書「いちばんわかりやすい家族信託のはなし」（日本法令）。
家族信託の実務家向けのメルマガをほぼ毎週発行。
https://kawasakikazuo.com
＊第1部、第2部第1章、第3部第3章・第5章、第4部第4章・第6章を執筆。

勝　猛一　（かつ　たけひと）
勝司法書士法人代表社員、勝資産承継株式会社代表取締役
民事信託監督人協会理事

1966年　鹿児島県の徳之島に生まれる。大阪市立大学大学院修士課程終了
1999年　司法書士登録　大阪淀屋橋で事務所開設
2000年　（公益社団法人）成年後見センター・リーガルサポート会員
2003年　勝司法書士法人設立、東京事務所設置
2017年　横浜事務所設置

成年後見・遺言・家族信託のセミナー講師を年間50回程度行う。（公社）成年後見センター・リーガルサポートの業務支援委員を2期務め、若手司法書士の育成に尽力。他にも、司法書士会の綱紀調査委員を歴任。小説「相続請負人」（株式会社エベイユ）出版、テレビBS11・テレビ朝日「モーニングバード」出演、日本経済新聞主催セミナー講師担当。その他、社会福祉法人・一般社団法人・NPO法人などの理事・監事に就任。
＊第1部第1〜3章、第2部第4〜5章、第4部第1〜3章を執筆。

橋本　雅文 （はしもと　まさふみ）
橋本司法書士事務所　司法書士

1975 年生まれ。福岡県立小倉高等学校、大阪市立大学法学部卒業
2005 年司法書士登録
家族信託専門士　民事信託監督人協会理事

結婚、長男の誕生により、家族の大切さに気付く。自分に何かあったとき
に家族を守るため、事前の準備と対策が必要なことを知る。また、相続、
成年後見の実務経験を通じて、尊厳ある人生と家族の幸せを守るため、遺
言、任意後見や家族信託の活用が欠かせないことを知る。税理士、弁護士、
ファイナンシャルプランナー、ライフプランナーなど他の専門家との連携
を重視して、会社経営者や不動産オーナーに最適な方法を検討する。自分
のため、家族のため、会社のために、一人でも多くの方に家族信託や任意
後見など事前対策を検討していただきたいと考えている。
＊第3部第1章・第2章・第4章、第4部第5章を執筆。

佐藤　活実 （さとう　かつみ）

1979 年　島根県浜田市弥栄村出身
2000 年　成安造形短期大学　造形学科　卒業
2005 年　アパレル業界に勤務後、システムエンジニアとして自社での開
　　　　発事業、某電気メーカでの勤務を経て、フリーランスとして活動。
2013 年　勝司法書士法人　大阪事務所　勤務
　　　　成年（法定）後見人及び任意後見人として、成年後見業務の仕
　　　　組み化を行い、後見制度の普及活動及び所内の教育を行う。
2016 年　勝司法書士法人　東京事務所　転勤
　　　　高齢者事業において各企業との連携・協力を推進。
　　　　高齢者や障がいを持つ子どもの家族を対象にした複数の法人の
　　　　設立に関わり、家族信託監督人協会の事務局サポートを行う。
2019 年　任意後見コンサルタントとして独立
　　　　各方面へのセミナー等の活動を行う。
＊第2部第1章～3章を執筆。

税務監修者　略歴

小嶋　公志　（こじま　まさし）
小嶋税理士事務所　所長　税理士

1974 年　北海道函館市生まれ。成蹊大学経済学部経済学科卒業
2006 年　小嶋税理士事務所開業。
2013 年　「みんなの相続税」（めでぃあ森）を出版
2020 年　税理士法人化予定

東京税理士会所属。TKC 全国会西東京山梨会所属。
法人顧問業務のほか、事業承継や相続関連の対策のセカンドオピニオンを
行っている。
信託業務については、2016 年頃から行っている。税金対策だけではなく、
承継がスムーズに進むよう全体像を考えたうえで提案することを心掛けて
いる。
＜セミナー講師実績＞
事業承継・相続・信託に関するテーマでの講演が多い。
＜講演依頼先＞
・三菱 UFJ 銀行・多摩信用金庫・旭化成ホームズ株式会社・積水ハウス
　株式会社・大和ハウス工業株式会社・立川商工会議所　など

| 事例でわかる　経営者の認知症対策 | 令和元年10月20日 初版発行 |
| 任意後見・家族信託で会社を守る | 令和6年 2月10日 初版4刷 |

検印省略

〒101-0032
東京都千代田区岩本町1丁目2番19号
https://www.horei.co.jp/

著　者	川勝橋佐	嵜本藤	一猛雅活	夫一文実
税務監修者	小	嶋	公	志
発行者	青	木	鉱	太
編集者	岩	倉	春	光
印刷所	日	本	ハイコム	社
製本所	国	宝	社	

（営　業）	TEL	03 - 6858 - 6967	Eメール	syuppan@horei.co.jp
（通　販）	TEL	03 - 6858 - 6966	Eメール	book.order@horei.co.jp
（編　集）	FAX	03 - 6858 - 6957	Eメール	tankoubon@horei.co.jp

（オンラインショップ）　https://www.horei.co.jp/iec/
（お詫びと訂正）　https://www.horei.co.jp/book/owabi.shtml

※万一、本書の内容に誤記等が判明した場合には、上記「お詫びと訂正」に最新情報を掲載しております。ホームページに掲載されていない内容につきましては、FAXまたはEメールで編集までお問合せください。

・乱丁、落丁本は直接弊社出版部へお送りくださればお取替えいたします。
・[JCOPY]〈出版者著作権管理機構 委託出版物〉
　本書の無断複製は著作権法上での例外を除き禁じられています。複製される場合は、そのつど事前に、出版者著作権管理機構（電話 03-5244-5088、FAX 03-5244-5089、e-mail：info@jcopy.or.jp）の許諾を得てください。また、本書を代行業者等の第三者に依頼してスキャンやデジタル化することは、たとえ個人や家庭内での利用であっても一切認められておりません。

© K. Kawasaki, T. Katsu, M. Hashimoto, K. Satou 2019. Printed in JAPAN
ISBN 978-4-539-72703-4